19

Traditional Chinese Learning | 国学茶座

图书在版编目（CIP）数据
国学茶座. 第19期 / 杜泽逊主编
济南：山东人民出版社，2018.5
ISBN 978-7-209-10608-5
Ⅰ. ①国… Ⅱ. ①杜… Ⅲ. ①国学－丛刊 Ⅳ. ① Z126-55
中国版本图书馆 CIP 数据核字 (2018) 第 103273 号

项目统筹　胡长青
责任编辑　王海涛
助理编辑　王　菲

山东出版传媒股份有限公司
山东人民出版社出版发行
网址：http://www.sd-book.com.cn
社址：济南市英雄山路 165 号　邮编：250002
编辑室电话：0531-82098902　总编室电话：0531-82098914

山东省东营市新华印刷厂印装
16 开本（169 毫米 × 232 毫米）11 印张　160 千字
2018 年 5 月第 1 版　2018 年 5 月第 1 次印刷
定价：18.00 元

卷首语

人文研究的春天已经到来

王学典

我个人有一个判断，认为人文研究的春天已经到来，或者是即将到来。将近40年前，1978年3月18号到31号，中国开了一个著名的大会——全国科学大会。在科学大会的闭幕式上，郭沫若先生（时任中国科学院院长）有一个书面讲话，题目是“科学的春天”。郭先生这个演讲在整个中国激起了一个学科学的热潮。科学毫无疑问和技术发展有关，和现代化有关，和近代化的事业有关，和“师夷长技以制夷”这个近代中国所面临的重大历史任务有关。科学也实现了这一点。经过40年的高度发展，我有一个判断，就是“师夷长技以制夷”的历史性任务在中国已经基本上完成，中国已经进入发展的快车道，整个中国已经实现了温饱的转型。所以我个人认为，我们即将进入一个新的时代。

古人有句话：“仓廪实而知礼节，衣食足而知荣辱。”经过40年的发展，“仓廪实”“衣食足”的任务已经完成，当然中国还面临很多问题，但接下来要做的是“知礼节”和“知荣辱”。无论是“知礼节”还是“知荣辱”，它所关乎的是价值观的重建，而价值观的基础就是人文。

十九大报告提出了一个新的概念叫“新时代”。新旧时代之间的差异主要表现在哪里？我个人认为，新旧时代之间的差异，主要体现在人文追求、人文含量的高低这个差异上。即将进入的这个新时代在相当大的程度上，是以人文追求、人文含量的增加为特征的。

在我个人看来，习近平新时代中国特色社会主义思想最本质的一个含义，是这个时代的一个中心任务，是以文明复兴为纲，以信仰重建、精神重建、道德重建、伦理重建、规则重建为重心，而所有这些问题的一个基础就是人文精神、人文主义。

节录自王学典先生2017年12月16日在中国艺术研究院艺术与人文高等研究院成立大会上的讲话。

目录

国学茶座　第十九期

目录

[子]

[集]

纪念牟世金先生诞辰九十周年专栏

名家介绍

易学浅说（十九）

王新春

十八、“易”之三义、三才之道与中国哲学

《周易》古经意涵丰富，作为一种文本，在后世解读、运用者那里具有开放而无限的意涵生成空间，因此纵然其原本有一定“本意”（original meaning），但在后世，其意涵永远是以一种被不同视域重新理解、重构过的新意涵（meaning as becoming）的面目出现的。人们只能立足于自己的历史文化语境与视域，尝试接近其“本意”，发现原作者未必意识到的意涵，并进而活转出其时代新意。《易传》的典范诠释，有力引动了古经意涵的持续发现、活转与重构，这就有了与时偕行、动态流转的易学这一专门之学。

六十四卦的符号系列与卦辞爻辞的文字系列一体互诠互显，构成了《周易》古经的经典文本。这一文本有着其所赖以诞生的特定整体历史文化语境，并令这一语境内化落实为其内在深层的独特学理、信念、信仰语境。这两项语境含蕴于文本之内，构成作为文本所以然支撑的隐性语境，而文本所呈现的，则是基于此的显性语境。《易传》诸篇相继问世之后，易学作为一具备自身特有话语系统而特色鲜明的专门之学正式形成。因乎作为经典文本的《周易》经传之向未来的无限开放性，因乎《易传》之对古经解读所初步确立起的诠释之融旧铸新的高度原创性学术方向，易学获得了旺盛不竭的神奇学术生命力，一直处在生成、日新的鲜活生命状态之中。这一状态，一则决定了易学的未完成性，一则决定了其向纵横两个方向深化、拓展的潜在

可能性与现实必然性。此等未完成性，似乎或多或少给人以一种难以全观其“终极境界”下的圆融学理之妙的缺憾；此等潜在可能性与现实必然性，则会以易学学理意蕴无止境的日趋丰赡、深湛，弥补这一缺憾。以此而昭示着这样一个不争的事实：绝对理想主义的某一特定、唯一之易学终极圆融学理妙境，实际上是不存在的；易学之学理妙境，最终要实现于其无止境的生成、日新的过程中，或者更为确切地说，易学学理境界之妙，就现实地具体实现、展现于其此一过程之中。就主流而言，历代易学家，置身于各自相应的历史文化语境下，以各具鲜明时代特征的理解视野，本着明体而达用、通贯学与术的基本理念，诠释、阐发着这一文本，活转、重构着这一文本的隐性与显性语境，令易学新意迭生层现，使易学理境后妙新前妙，以此而铸就了象数、义理、筮占一前瞻一体通贯理路下，涵纳天地人物，笼罩古往今来，标举天一地一人三才共在主轴，期许人之一才承当、促成下的人生、天下理想境地之达成的易学专门之学与生生不息、影响日趋广泛深远的壮观易学活水长流。放眼易学延展的历史长河，“易”之三义、三才之道对中国哲学影响重大而深远。

《易传》之后，易学成为一种成熟的专门之学。在这一专门之学的语境下，《易》之谓“易”与易学之谓“易学”，其以“易”名之，开显出三义：变易、不易与简易。

易学，就其形式言，是一种具备自身特有话语系统的专门之学；就其内容言，是一种具有高度哲学性的天人之学。它既是中国哲学的有机组成部分，又为中国哲学独特品格的塑成发挥了独到作用。

易学发端于宗教巫术性质的卜筮，而后升华为一种高度哲学性的天人之学，从一个侧面典型地昭示出中国哲学发展中非理性的信仰与哲学理性的消长和前者向后者的转化。卜筮体现了先民的一种预知未来的强烈祈向，诱发人们确立以理性为根基的前瞻性视野与智慧，进而打通过去、现在和未来，以此而升华出易学知来藏往的哲学底蕴，彰显为一种具有鲜明人文历史理性意识的藏往而智、知来而神的哲学。智言其智慧，神言其神妙。这一哲学的实质，就是一“时的哲学”。而动静因时，与时偕行，保持忧患，大有所为，自然是此一哲学的重要内容。受此影响，中国哲学也成为一种具有鲜明历史理性意识的藏往而智、知来而神的哲学。

历史上，《周易》的学术地位极为显赫，曾引发过一历久而弥新，愈新而意蕴愈趋丰赡、深湛的绵延达数千年之久的蔚为大观的易学衍展之长河。这一长河，以其高度的哲学性与高度的哲学融摄力、渗润力、笼罩力而著称于世。其哲学性，集中体现于以三才之道的构想为核心，既有总体宇宙之关怀，又有终极人文之关切的天人之学品格方面。纵观这一绵延如此之久的长河，了悟到它所具有的如是之哲学性、哲学融摄力、渗润力与笼罩力以及天人之学品格，我们却不应忽视乃至无视这样一个历史事实，即这一切的一切，皆是与源头处古经与卜筮的关系以及《易传》对卜筮的创造性转化密不可分的。理清古经与卜筮的关系以及《易传》对卜筮的创造性转化，不仅可以使我们更深层地理解绵延中的易学之所以能够具备上述之一切，而且可以使我们更深层地理解中国哲学与中国文化发展演变过程中非理性的神学信仰与文化理性、哲学理性的消长，及其之间的互补与转化，并对卜筮作出历史主义的符合历史理性的公允评判。这里，因易学所具备的上述之一切而全盘否定《周易》、易学与卜筮的关系，断言二者丝毫无关，认定前者的学术性甚纯，其品位本即远胜于宗教巫术性质的卜筮，而卜筮功用系后人所加，非其本然，至多在古经那里尚保留着徒具形式的卜筮架构，是非历史主义的，因为此等识见没有真切看到任何古老文化在其发展过程中，文化理性、哲学理性与宗教巫术中的非理性信仰间所必具的深层历史关联；同样，因《周易》与卜筮所具有的千丝万缕的联系，而对《周易》的学术内涵与品位，对易学所具备的上述之一切大打折扣，乃至断言《周易》、易学归根结底就是带有浓厚宗教巫术迷信性质的著作与学问，也是站不住脚的，因为此类识见远未领悟到易学高度哲学性的天人之学的真髓。

变易是“易”与易学的第一义。作为《易》符号系统的六十四卦，阴阳两种爻在六种不同爻位上的变动而处，成就起六十四卦的系列，涵摄符示着宇宙人生阴阳两大类力量在各种时位上的变动而处。这是变易所指之一。而六十四卦标识各卦爻辞的爻题，皆称“九”、称“六”，并因爻位之异而有着“初九、九二、九三、九四、九五、上九”与“初六、六二、六三、六四、六五、上六”的不同名谓，开示“九”所表征的老阳要向“八”所表征的少阴转化，“六”所表征的老阴要向“七”所表征的少阳转化，于是一卦可有一爻变、二爻变、三爻变、四爻变、五爻变、六爻变与六爻皆不变几种情势，从而一卦可以通向六十四卦，六十四卦可以通向四千零九十六卦，并接续流转下去，环环相扣，无有终穷。于是，六十四卦不是平列的六十四个独立卦符，而是动态流转、开放互通的大系统。由此涵摄符示着宇宙人生万象的动态流转，开放互通。这是变易所指之二。《系辞下传》“《易》之为书也，不可远。为道也屡迁，变动不居，周流六虚，上下无常，刚柔相易，不可为典要，唯变所适”，即应作出上述解读。基于此，易学开示，宇宙大化，流变不息，日新不已，宇宙、人生中的万象，即是在不守故常的变易中，才得以成就、实现自身的。宇宙一直都在新故相除，生化日新；社会人生亦当革故鼎新，与时偕行。生生日新，成为变易的实质，《系辞上传》所谓“生生之谓易”。为此所浸润，尚变、顺化而不执泥故常，成为中国哲学的主流理念。

易学揭明，变中有其不变，与变易密切相关的，就是和其相对的不易。透过变易而实现宇宙、人生中万象位的正定，达成万象间的和谐有致、良性互动，乃至整个宇宙、人生的有序、和谐而通泰，是变易的终极归趋。《系辞上传》谓：“天尊地卑，乾坤定矣。卑高以陈，贵贱位矣。动静有常，刚柔断矣。方以类聚，物以群分，吉凶生矣。”这里，万象在整个宇宙、人生之大背景下所得以正定的位，与它们在此基础上良性互动所达成的和谐共同体之序，就是不可变易的。正因乎此，于变中追求天人合一，天人有序而和谐，人生有序而和谐，成为中国哲学的基本关怀。

变易、不易而外，“易”与易学尚有易简之义。《系辞下传》称：“夫乾，确然示人易矣；夫坤，隤(tuí)然示人简矣。”“确”，刚健坚确、坚定之貌。“隤”，柔顺之貌。《系辞上传》则说：“乾道成男，坤道成女。乾知大始，坤作成物。乾以易知，坤以简能；易则易知，简则易从；易知则有亲，易从则有功；有亲则可久，有功则可大；可久则贤人之德，可大则贤人之业。易简而天下之理得矣；天下之理得，而成位乎其中矣。”乾天坤地在化育万物的过程中，透显出易简不繁、顺适畅达的圆妙造化品格、方式与境界，令易简不繁成为宇宙大化之理的基本品格。真切了悟到此一易简不繁，才会通透地了悟到天地、宇宙大化之所然与所以然，了悟到宇宙、人生之妙理、妙境。由此，中国哲学积淀下了具有鲜明大智慧品格的崇尚要约、以简驭繁方面的宝贵思想资源。

三义是“易”与易学的基本义，从中已初步透出易学天人之学的基本品格。这一品格的全面开显，则在其三才之道学说中。

三才之道学说是易学的核心。人与大化相融为一的这个世界，亦即天人相融为一的这个世界，成为人的整个生活的世界！这一生活的世界，显然已大大超越了人的社会这一狭隘之域。在此无限广大而复无穷绵延之域内，易学充分揭示了人于其中的不容置疑的主体性地位，从而使蒙周初转向于人的时代精神之沾润而于卜筮架构内相当完备地构建起的古经“人的发现”的意蕴，得到了空前的最高哲学层面上的丰富、深化与升华，以人为中心的易学天人之学的哲学品格，即此确立。

易学指出，在成为人的整个生活的世界的这一无限广大而复无穷绵延的天人相融为一的世界，是一个充满无限生机、生意与活力，透显着无限希望与光明前景的生生日新的世界；卦爻画即符示着其中的一切。在此世界中，有三个最为重要的因素，即天、地、人，即所谓三才。其中，天地是造化之本源、万物之终极父母，具有无上的生化之盛大仁德，以此而不知其然而然、不知其所以然而然地造化出色彩纷呈的宇宙万物万象，引发出流变不息、日新不已的宇宙大化洪流，从而令盛德具现、转化为大业，如此，德业一内一外，尽显天地之伟大与圆妙。所谓“天地之大德曰生”(《系辞下传》)，“显诸仁，藏诸用，鼓万物而不与圣人同忧。盛德大业至矣哉！富有之谓大业，日新之谓盛德。生生之谓易”(《系辞上传》)。而人，则是天地所造化出的最优秀分子，唯有其才能远远超迈其他事物，能够继天立极，顶天立地，接续天地的盛德大业，开创宇宙人生更加辉煌之未来。天地所造化的一切，唯有人才会真正全面地拥有，使之成为自己生活世界的有机构成；也唯有人才会在全面拥有的同时，令其在与己深层良性互动、交融的过程中，进而与己一并得以升华与发皇。人的生活世界的升华与发皇，自是此一升华与发皇题中固有之义。由此，在人的整个生活的世界与天人相融为一的世界这两个具有同等意义的二而实一的世界中，人成了真正的主体性存在。这就是易学所开显的三才之道说的基本内涵。其中，其对天地的理解，无疑秉持了一种以实然为基础的人文价值的视野。

它进而指出，“乾道变化，各正性命”(《乾·彖传》)，即天道变化，万物各得以在大宇宙背景下，在天地人物相融为一的整个世界中，正定其性，正定其命，正定其位，正定其道。人于其中，即在天道展现于阴阳、地道展现于刚柔的同时，正定其道展现于仁义。所谓：“立天之道，曰阴与阳；立地之道，曰柔与刚；立人之道，曰仁与义。”(《说卦传》)天地将其浩然生物、育物、成物且能令其生生日新的盛大仁德至为全面地赋予了人，使此德植根于了人的生命深处；天的刚健之质与地的柔顺之质为人所兼禀，刚健自强而日新，柔顺谦和而有容，成为人的性命深处之潜质。于是，人就拥有了取用不竭的既超越又内在的人文价值源泉。由此以仁为主体内涵的源泉，具现出仁善、道义、礼乐诸人文德目与理念，人开显出其人文精神。以仁义等正定人的性命，挺立人的道德理性与人文情怀，就成为人生之应然和具体实现人的上述主体性作用的根本价值保障。在易学看来，接下来人需全身心地投入其中而着力从事的，就是以人文的精神，拓展出表征人道之神圣与庄严，表征天道、地道得到充分体现的人文价值化了的世界。在此世界中，崇德优先，广业继之，后者需以前者为价值根基，前者亦需实现向后者的转化，如此德业双馨，共臻佳境，进而遥契天地的盛德大业与圆妙，并与其交相辉映。易学所开示于人的，亦正突显于此：“《易》其至矣乎！夫《易》，圣人所以崇德而广业也。”(《系辞上传》)

此一世界，先是集中于社会人生，在“观乎人文以化成天下”(《贲·彖传》)之理念下，成一人文化成的、德隆业盛、和谐有序而通泰的理想有机社会人生共同体；继之进而稳步向人而外的宇宙延伸，促成洋溢着人文精神效应的和谐有序而通泰的理想有机宇宙生存、生命共同体的建立。在集中于社会人生时，此一世界是人的生活世界的直接之域，它突显出既关注人的形而上的精神生活品质之提升，又关注人的形而下的现实生活品质之提高的生活世界基本准则。

而在稳步向人而外的宇宙延伸时，此一世界方真正全面开显为与天人相融为一的世界二而实一的人的整个生活的世界。此时，除继续标举上述生活世界基本准则之外，更增添了彻然彰显天地盛大之仁德、大化流变日新之律则、万类至正之性命以及各自适切之定位，并进而促成天地人物良性互动的内容。这些内容的实现，就需挺显人的总体宇宙关怀和神圣庄严的宇宙责任感与担当感，使人以遥契天地仁德的人文之情怀，推出各种积极的人文举措，令这个世界中的一切人文价值化、价值合理化。此所言人文价值化、价值合理化，其意并非将人的意志强加于人而外的万物，随意宰制之，而是由人以其充分体现天地之德的道德理性所开显出的人文情怀化的宇宙关切，于人与众物间，确立一种类似主体间性（inter-subjectivity）的理念，既挺立人的生命的主体性，也给予他物至正之性命及其以此为基础所未必自觉到的生命之主体性以充分的尊重，积极促成他物至正之性命的圆满彰显与实现。如此，也并非意味着牺牲了人的宇宙主体性，反却更好地实现并升华了这一主体性。

由此，人的精神境界、生命境界亦相应得到升华，乃至跻于与天地、宇宙大化相契无间、一体无隔的天地境界，成为“圣之时者”。所谓：“夫大人者，与天地合其德，与日月合其明，与四时合其序，与鬼神合其吉凶；先天而天弗违，后天而奉天时。天且弗违，而况于人乎？况于鬼神乎？”（《乾》九五爻《文言传》）

这一境界之极致，乃是一种如北宋理学家程颢、明代心学家王阳明所言的以天地万物为一体的境界：“仁者，以天地万物为一体，莫非己也。认得为己，何所不至？”（《河南程氏遗书》卷二上）“明德是此心之德，即是仁。仁者以天地万物为一体，使有一物失所，便是吾仁有未尽处。”（《传习录上》）它超越了有机生存、生命共同体下的境界，直接视天地万物为我之生命的有机组成部分，从而成就起宇宙式的大我。

在独特的话语系统与语境下，易学具体开示了人们接通天、地、人而分别去做“地人”“人人”与“天人”的价值期许：六十四卦各六画，初二地、三四人、五上天。在六十四卦所分别涵摄符示的各种时遇下，人值其中的地位，即要接通地而顺应柔刚之地道，厚重低调谦卑而作相应时遇下的“地人”；人值其中的人位，即要接通人而遵循仁义之人道，居仁由义守正不苟而作相应时遇下的“人人”；人值其中的天位，即要接通天而顺应阴阳之天道，大气恢宏包容而作相应时遇下的“天人”。

而在达成和谐有序而通泰的理想有机社会人生共同体与理想有机宇宙生存、生命共同体的过程中，易学将借筮占实现人与大化中之一切的感通之信条，理性地转化为人与人之间、人与物之间基于类似主体间性之理念的应然感通原则，指明以尊重彼此现实或潜在主体性为前提所进行的感通，才是人与人、人与物乃至物与物相处与互动的唯一正途。以故其言："天地感而万物化生，圣人感人心而天下和平。观其所感，而天地万物之情可见矣。"（《咸·彖传》）两种共同体的达成，实际上皆意味着理想的人的生活世界的实现，因此，这里既体现了总体宇宙关怀，更体现了终极人生关切；既昭示了人的应然宇宙担当，更昭示了人的应然人生担当。由此关怀、关切与担当，深化、逼显出了无尽大化洪流和无限人生长河下的人的鲜明人文历史理性意识和神圣庄严的大化洪流担当与人生长河担当。这些，无疑也是对古经借筮占以打通过去、现在与未来之识见予以创造性转化的结果。

此一三才之道学说，确立了人在大宇宙中的主体性地位。突显人的宇宙主体性，继之环绕人而开示其总体宇宙关怀与终极人文关切，揭示希贤、希圣、希天的人生应然追求，成了主流中国哲学的基本内容。

为实现人的这种主体性作用，易学特别强调将刚健奋勉的大有为精神与理性而深沉的忧患意识有机结合在一起，认为刚健而大有所为的人生，富有理性而深沉、长远忧患的人生，才是真正充实的人生；如此，才可望充分实现人在整个大宇宙背景下的主体性作用和人生应然之一切。上述精神与意识，同样成为中国哲学所崇尚的基本精神与意识，中华民族也由此成为一个既刚健有为又深具忧患意识的伟大民族。

（作者单位：山东大学哲学与社会发展学院）

恒之读诗记（二）

向 辉

《麟之趾》

麟之趾。振振公子，于嗟麟兮！
麟之定。振振公姓，于嗟麟兮！
麟之角。振振公族，于嗟麟兮！

【毛诗序】《麟之趾》，《关雎》之应也。《关雎》之化行，则天下无犯非礼，虽衰世之公子，皆信厚如麟趾之时也。

【郑玄笺】《关雎》之时，以麟为应，后世虽衰，犹存《关雎》之化者，君之宗族犹尚振振然，有似麟应之时，无以过也。（《毛诗正义》卷一）

一

麒麟代表祥瑞，和多子多福、福寿仁义、太平盛世等祝愿密切相关。“麒麟送子”也因此是一个相当重要的民间绘画主题，特别是在历代年画中，它甚至已经成为一种民间文化的信仰。这种文化和孔夫子、和儒家经典都密不可分。

据说，孔子当年是见过麒麟的。在《春秋左传》《史记》等经书或者史书中都有记载。鲁哀公十四年（前481）的春天，鲁国举行了盛大的春季狩猎仪式。很不巧，大夫叔孙氏手下的人捕获了一只野兽，样子比较奇特，在场的人谁都不认识，大家觉得可能是个不祥之物，毕竟对于陌生的东西，人们都有一种莫名的恐惧。于是他们就请当时鲁国最博学的孔夫子来鉴定，孔夫子说那是麟，所有人皆大欢喜。这就是所谓的“西狩获麟”的故事。(《春秋》经：“十有四年春，西狩获麟。”《左传》：“十四年春，西狩于大野，叔孙氏之车子鉏商获麟，以为不祥，以赐虞人。仲尼观之，曰：‘麟也。’然后取之。”)

对于此事，《公羊传》的解说稍有不同。《公羊传》卷二八中说，孔夫子见到麟之后哭了一场，并且发出了千古哀叹：

> 何以书？记异也。何异尔？非中国之兽也。然则孰狩之？薪采者也。薪采者则微者也，曷为以狩言之？大之也。曷为大之？为获麟大之也。曷为为获麟大之？麟者仁兽也。有王者则至，无王者则不至。有以告者曰：“有麕而角者。”孔子曰：“孰为来哉！孰为来哉！”反袂拭面，涕沾袍。颜渊死，子曰：“噫！天丧予。”子路死，子曰：“噫！天祝予。”西狩获麟，孔子曰：“吾道穷矣！”《春秋》何以始乎隐？祖之所逮闻也。所见异辞，所闻异辞，所传闻异辞。何以终乎哀十四年？曰：“备矣！”君子曷为为《春秋》？拨乱世，反诸正，莫近诸《春秋》。则未知其为是与？其诸君子乐道尧舜之道与？末不亦乐乎尧舜之知君子也？制《春秋》之义以俟后圣，以君子之为，亦有乐乎此也？

两年以后，孔子也去世了，认识麒麟的人也就不在了。所以，人们自然会联想到麒麟和孔门学说的关系。

后来人再解释的时候就说，孔子有仁德，他能认得麒麟，所以麒麟也就成了仁兽。既然是仁兽，为什么还要捕杀它？麒麟出现时，春秋时代即将宣告结束而进入更加混乱的战国时代，麒麟是天下太平的使者还是混乱的先兆？作为《春秋》经的阐释著作，《公羊传》对此有所警觉，所以连续提出若干问题，发人深省。和《左传》不同的是，《公羊传》明确地说麒麟不是国产货，至少不是当时中原的特产。麒麟只是一个小人物所得，为什么要大书特书成为经文的一条呢？其之所以大，是因为获麟这件事情的意义大。为什么大呢？这就和王道乐土有关了。可是，当时并非王道乐土啊，所以孔夫子很悲哀地说，你为什么来呢？你为什么来呢？或者，是不是孔夫子在感叹儒者的学说将会像麒麟一般终究要成为一种稀有动物而不被人所识呢？

麒麟不会因为孔子哭而不来，后来它还会来，而且是白色的。《乐府诗集》卷一记载了汉武帝元狩元年（前122）获麟的盛事：

《朝陇首》，一曰《白麟歌》。《汉书·武帝纪》曰："元狩元年冬十月，行幸雍，获白麟，作《白麟之歌》。"颜师古云："麟，麋身，牛尾，马足。黄色，圆蹄。一角，角端有肉。"

朝陇首，览西垠，雷电尞，获白麟。
爰五止，显黄德，图匈虐，熏鬻殛。
辟流离，抑不详，宾百僚，山河飨。
掩回辕，鬗长驰，腾雨师，洒路陂。
流星陨，感惟风，籋归云，抚怀心。

这头麟是白色的，来得恰逢其时，汉武帝就改了年号，是为元狩。显然，汉代人是见过麒麟的。麒麟是什么样了呢？似乎没有人做详细的记录，或者说当时的人对这种动物很熟悉，不用描述？抑或是因为写书的人没有亲见，所以没有瞎说？我们只能从汉代的画像石之类的东西上见到当时的麒麟形象，大概是有了个翅膀的鹿。

神话故事书《山海经》中还描述了古代人颛顼的父亲，就跟我们今天所知道的希腊神话中的人马一样，是"擢首、谨耳、人面、豕喙、麟身"。这当然是作者的想象，和孔子见过的麟应该不是一样的。

二

根据古代人的这些想象的文字，后来的《诗经》学家们也充分发挥想象力，在现实中找到一种可以对应的动物，因为只有现实中找到了，我们才能更好地理解它。那么，麒麟是什么呢？十之八九是麋鹿，也就是"四不象"

吧。"麋，动物名。鹿属、哺乳类、反刍偶蹄类，形似鹿而体庞大，高七尺许。全体暗赤褐色，眼小耳阔。牝体生有枝之角，其枝逐年增加，枝粗短，极坚强。性怯弱，善走，亦能游泳。食树皮、树叶及嫩芽等。产亚洲北方及瑞典、挪威、北美洲等处。"（《中文大辞典》）

尹荣方《麒麟原型为"四不象"考》（《社会科学战线》1991年第2期）通过对《说文解字》《文选》《史记》等相关古籍正文及注解文字的考察，发现在汉代人那里所描绘的麒麟的样子有四个特点，即体型和鹿一样大小、身体像麇、有牛尾巴似的长尾、有一只角。哪一种动物会有这样的特点呢？麋鹿，即俗说的四不象：尾巴似驴非驴、蹄子似牛非牛、角似鹿非鹿、颈似驼非驼。而且，古代的雌雄麋鹿的读音极有可能就读作麒麟。《尔雅·释兽》："麋。牡，麔；牝，麎。"《说文解字》与此一致。段玉裁注《说文》"麎，牝麋也"云："《吉日》'其祁孔有'，郑笺：'祁当作麎。麎，麋牝也。'《大司马》注，郑司农曰：'五岁为慎。'后郑云：'慎读为麎，麋牝曰麎。'按：麎，汉时必读与祁音同，故后郑得定《诗》之祁为麎。《字林》：麎读上尸反。徐音同，沈市尸反，皆本古说也。《尔雅音义》引《字林》上尸反，宋本不误，俗改为上刃反。盖古书之难读如此。"尹荣方据此认为，祁与麒同音，也就是说雌麋原本的发音为麒，麒就是雌麋。

麋鹿在上古时代的中国分布很广泛，我们查甲骨文字典能看到各种不同样式的"麋"的写法，大概就能推测一二。尹荣方还指出，考古学家在安阳殷墟发现了大量的麋鹿残骸，"在殷墟前十五次发掘所出的动物骨骼6000余件中，共含哺乳类动物29种。其中在1000具以上的有肿面猪、圣水牛、四不象鹿三种"（转引自杨钟健、刘东生《安阳殷墟之哺乳动物群补遗》）。也就是说在上古时期，麋鹿非常多，它"曾经大量存在于我国黄河及长江流域一带，它是我们的先人狩猎与驯养的对象。麋鹿肉是食物资源，麋鹿皮可以制衣，麋鹿之角则可做成工具。它性情和驯，不会给人类带来伤害，它特有的犁田、时指（也就是所谓的音中律吕，笔者注）的功能更给人们带来巨大利益与方便。在一定时期内，麋鹿成了我们先人的生命与存在所必须依靠的对象"（尹荣方《麒麟原型为"四不象"考》）。

这样的考察显然是很准确的，既有考古学的证据，也有文字学的依据。

我们现在基本上可以确定，在《诗经》时代，麇鹿还是比较常见的，麇鹿量大，也就意味着它的繁殖能力很强，用这个来表达人们对于子嗣繁多的期望，也就在情理之中了。后来，麇鹿可能被人们捕杀得差不多绝种了，所以孔子见到之后才会伤心地哭了吧。但汉代人已经不认识它了，所以《公羊传》才会说麒麟不是中国的动物。而看不懂诗篇的意思也就再正常不过了。

麒麟作为一种活物似乎消失之后，慢慢变成了一种神话动物。到了三国时，有个叫陆玑（或者叫陆机）的人，写了一部书叫《毛诗草木鸟兽虫鱼疏》，对《诗经》中提到的各种动物、植物都做了一些描述。这部书躲过了各种灾难，流传下来，后世的《诗经》学者在解释《诗经》时多会引用。比如孔颖达作《毛诗正义》时就引用了《毛诗草木鸟兽虫鱼疏》中关于麒麟的说法："麕身，牛尾，马足，黄色，员蹄，一角，角端有肉。音中钟吕，行中规矩。……王者至仁则出。"这时候的人们已经不知道什么是麒麟了，于是就用熟悉的解释不熟悉的，就像我们形容外星人一样，说它们有人的眼睛和头颅，有动物的手足等。最形象的当属日本人所创造的奥特曼及其面对的各种怪兽。

值得注意的是，到清代时，陆玑的书已经面目不清了，四库馆臣就认定"原本久佚，此本不知何人所辑，大抵从《正义》中录出"。当然，现代的学者们觉得四库馆臣的这种判断大谬不然，在他们看来陆玑的书应该是一直流传着的，不会消亡，因为凡是这种奇奇怪怪的东西，总会有人妥善地保管吧。《儒藏》（精华编）收录了陆玑《毛诗草木鸟兽虫鱼疏》，陆氏的说法是："麟，麕身，牛尾，马足，黄色，圆蹄。一角，角端有肉。音中钟吕，行中规矩，游必择地，详而后处。不履生虫，不践生草。不群居，不侣行。不入陷阱，不罹罗网。王者至仁则出。今并州界有麟，大小如鹿，非瑞麟也。故司马相如赋曰'射麋脚麟'，谓此麟也。"

陆玑说，他听说在并州有和鹿一样大小的麟。然而这并非他所谓祥瑞的麒麟，祥瑞的麒麟只出现在司马相如的赋中，或许我们可以说，祥瑞的麒麟只出现在人们的想象中。麒麟，早成了一种说不清楚的兽类，它来源不明，长得虽然很丑，但是很温柔。陆氏书中先说流离，是一种不孝的鸟；再说麒麟，有至仁之王者则出现，接着说驺虞是白虎，君主有德行则出现。这都是我们现在不容易见到的动物。但是，《诗经》一直流传下来了，我们还需要学者的解说。

像陆玑这样的学者，代不乏人。到了宋代，有个叫严粲的学者写了一部书叫《诗辑》，空前绝后。这部书可以说充满了作者的各种想象，到处是科学的假设，满书都是不靠谱的描写。这部很不严谨的故事书流传下来，而且被很多《诗经》学者引用，因为它时间够早，部头也够大，又对《诗经》的每一篇都做了细致的扯淡，一本正经的胡说八道，让人肃然起敬。这也为我们搞写作的人树立了榜样，即便是胡扯，只要能流传下去，只要运气足够好，未尝不能成为经典。

在现代的《诗经》学界中，有不少学者对严粲这部书的评价非常高，认为它堪与朱子的《诗集传》相媲美，甚至有超越了朱子的说法，因为朱子过于强调伦理秩序，而严粲根本没有这样的追求。就像《一千零一夜》的故事，充斥着奇闻逸事，让很多人都觉得够刺激。它文字流畅，简单明白，考证精核，发明诗意，等等。总之，严粲的书绝非严肃的学者之书，只要我们拿他的书和朱子的一比较就知道了。

三

严粲在当时是不是一个好学者我们不清楚，但很明显的是，今天很多解读《诗经》的人多少会对他的某些观点有所了解，比如严粲《诗辑》说麒麟是这样子的：

> 麟者，仁兽也，瑞兽也。○陆玑曰："麇身，牛尾，马足。黄色，圆蹄，一角，角端有肉。不履生虫，不践生草。不群居，不侣行。不经陷阱，不罹罗网。王者至仁乃出。今并州界有麟，大小如鹿，非瑞应之麟。故司马相如《子虚赋》曰'射麇脚麟'，谓此麟也。"注脚，谓持其脚也。○曹氏曰："《说文》云：麒，仁兽也。麐，牝麒也。麟，大牝鹿也。"则字当作麐音同。

也就是说，严粲和孔颖达所引用的陆玑著作的文字并不完全相同，孔颖达《毛诗正义》所引原文为：

> 陆机《疏》："麟，麕身，牛尾，马足，黄色，员蹄，一角，角端有肉。音中钟吕，行中规矩。游必择地，详而后处。不履生虫，不践生草。不群居，不侣行。不入陷阱，不罹罗网。王者至仁则出。今并州界有麟，大小如鹿，非瑞应麟也。故司马相如赋曰'射麋脚麟'，谓此麟也。"

陆玑的这个说法是不是来自刘向的书呢？刘向《说苑·辨物》说："凡'六经'帝王之所著，莫不致四灵焉。德盛则以为畜，治平则时气至矣。故麒麟麕身牛尾，圆顶一角，含仁怀义，音中律吕。行步中规，折旋中矩。择土而践，位平然后处。不群居，不旅行。纷兮其有质文也。幽闲则循循如也，动则有容仪。"刘向的书，前面也有孔夫子的话，后面就是各种神话故事。显然不是真的写实描写，重要的是在于说明一种德性的东西。

后来的作者们在写书时往往抄录前辈的作品，在抄录的过程多几个字或者少几个字，都比较正常。甚至把作者的名字弄错也再正常不过了，比如陆玑还是陆机已经不重要了，我们今天仍会出这种错。

无论是孔颖达还是严粲，都认为麒麟和鹿有关，因为陆玑当年还听说过，他说的是和鹿差不多大小的动物。刘向比较严谨一点，并没说他见过麒麟，只是讲了一段故事。而陆玑则说他知道并州还存在，不过他很明确地说他所知道的麟不是所谓的祥瑞的麒麟，祥瑞只出现在诗人的作品里面。

这些其实都不是问题的关键，出问题的地方在于严粲的一段胡扯式的解说。严氏曰：

> 兴也，有足者宜踶。唯麟之足可以踶而不踶，是其仁也。今振振然信厚之公子，有贵势而不恃，遂叹美此公子，即麟也。此诗之辞，寂寥简短，三叹而有余音也。麟之趾，指麟言也。于嗟麟兮，指公子言也。犹楚狂接舆称孔子为凤兮也。有额者宜抵，唯麟之额可以抵而不抵也。公室子孙其传弥远，而信厚不替也。有角者宜触，唯麟之角可以触而不触。(《诗辑》卷一)

严粲说，蹄子是用来踢人的，额头是用来顶牛的，角是用来撞人的，可是麒麟有这些东西就是不用，所以有仁德。就像贵公子们一样，有权势也不倚靠，所以这些公子哥是仁厚的。就像孔子一样，本来是贵族，可不去走贵族路线，偏要一生奔波。严粲为什么要说麒麟有蹄子不用，有额头不顶，有角不触呢？没人知道他为什么要这么说，反正他就这样写出来了。而且看起来挺有道理，有个大象牙不用，让人给取了去做象牙雕；有个大鹿角不用，让人取了去做装饰。这样的动物多好，多么仁厚。这似乎没有问题。问题在于，如果谁家的孩子是这样子的德性，谁的爹妈会放心？明明可以靠脸吃饭，偏偏要去给人当牛做马；明明有一身本事，却一定要让人当作花瓶。我想，就是最无知的人也不会这样想吧？

可是，在翻译《麟之趾》的时候，很多人都这样翻译，比如说“不顶人的麟额头，好比公孙多仁厚”之类的。这样的说法，根本就不靠谱。难道麒麟长了个角，就是为了让人取下来当祥瑞吗？我们看到，郑玄当年的确说过“麟角之末有肉，示有武而不用”，孔颖达接着曰：“有角示有武，有肉示不用。有武而不用，是其德也。”也就是说，如果说麒麟是一种猛兽的话，它只是不随便去顶人罢了。但绝对不意味着它就是可以让人随便取下它的角来让人用的。这是无论如何也说不过去的。

或许因为麋鹿群的消失，所谓的麒麟本身到底是什么，在很长一段时间里，《诗经》学家们不是很清楚，就只能天马行空地说一说。只知道它是一种仁厚的动物，是有福的象征。所以，麒麟送子才能够成为一种民间信仰。否则，麒麟给送来的是严粲及其后人所谓的软绵绵的无用货，谁需要这样的后人？难道真的要手无缚鸡之力的家伙才好？显然不是。当然，对于威权社会的统治者来说，温顺的绵羊是最好的，电子羊就更好了，所有什么蹄子、角之类的，统统取走，最后只留下一堆键盘侠和口水侠，社会也就和谐了。

四

【朱子集传】文王、后妃，德修于身，而子孙宗族，皆化于善。故诗人以“麟之趾”兴公之子。言麟性仁厚，故其趾亦仁厚；文王、后妃仁厚，故其子亦仁厚。然言之不足，故又嗟叹之。言是乃麟也，何必麕身、牛尾而马蹄，然后为王者之瑞哉。○序以为《关雎》之应，得之。

朱子也觉得把麒麟的形象弄成个奥特曼打的怪兽很奇怪，所以他认为不如说仁德和祥瑞。而且，朱子认同毛公关于《麟之趾》篇和《诗经》的开篇有“应”的关系的看法，因为诗篇都在讲述一种人文的情节，而不是简单地在描述动物世界。稍微有点麻烦的是这里所说的“应”字，有人以为是效应，也有人说是应对。所谓效应就是王化所及，显现出了它的效果；所谓应对则说的是《关雎》之化，有了麒麟之应。这样似乎都能说得通。恒之以为，除此之外，理解为呼应也是可以的，既可以说是文本之间的前后呼应，也可以说是人文精神的延续一致。当然，对于麒麟的问题，还是讲讲祥瑞比较好。

祥瑞这东西是古装剧中最吸引人的，在电视剧《大明王朝》中，开篇就是一场大雪，太监高呼祥瑞。久旱不雨，则大雪为祥瑞，这是以自然现象为祥瑞。光是这种还不够，还需要有其他的想象的东西，比如麒麟。有人说，麒麟其实就是长颈鹿，只不过古人没有这个名字，也没怎么见过，于是弄了个麒麟的名头。长颈鹿变成麒麟，是有根据的，至少在明代人画的《瑞应麒麟图》中就画了一头长颈鹿，看起来比较有趣，如今动物园里的长颈鹿、斑马也是较受游人喜欢的。长颈鹿（giraffe）原产地是非洲，古代中国是否有这种动物不太清楚。至少在明代人那里，他们是没见过长颈鹿的。

永乐十二年（1414）九月，孟加拉国使臣（榜葛剌国王赛弗丁遣使）来中土朝贡，献上的礼品就包括长颈鹿（献麒麟），举国上下一片欢腾，写下了无数诗篇讴歌我朝王道盛世，是为《瑞应麒麟诗》。这件事情被记录在《明太宗实录》卷一百五十中，是一件值得一提的大事。画家沈度画了《瑞应麒麟图》，流传至今，现藏于台北故宫博物院。绢本设色，高90.4厘米，宽45厘米。有一摹本现藏美国费城艺术博物馆，高80厘米，宽40.6厘米。

明代人画的麒麟图，是我们熟知的长颈鹿。沈度还专门写了很长一段话，其中说：“钦惟皇帝陛下，嗣承太祖高皇帝洪基，德化流行，协和万邦，三光顺序，百灵孝职。由是驺虞至，嘉禾生，甘露降，黄河清，醴泉溢。诸福之物，莫不毕至。永乐甲午秋九月，麒麟出榜葛剌国，表进于朝。臣民集观，欣喜倍万。臣闻圣人有至仁之德，通乎幽明，则麒麟出。斯皆皇帝陛下与天同德，恩泽广被，草木昆虫，飞潜动植，皆得遂生。故和气融结，降生麒麟，以为国家万万年太平之徵。”

事实上，麒麟是不是长颈鹿已经不重要了。祥瑞才重要，这是国之大事。

对学者来说，祥瑞也不重要，质疑才重要。自宋代学者欧阳修等人开始，就对《麟之趾》的诗义和相关内容产生了怀疑。清人姚际恒《诗经通论》说：“古者治世当有麟应；商、周之际为衰世，文王公族亦如麟应。然则谓治世有麟应者，指何世乎？可谓诞甚！衰世又何不以麟应而以人应乎？夫人重于兽，不将衰世反优于治世乎？何以解也？此诗只以麟比王之子孙族人。盖麟为神兽，世不常出；王之子孙亦各非常人，所以兴比而叹美之耳。”但这首诗是谁对谁说的呢？李辰冬《诗经通释》认为，“以上七篇，就是《韩奕》《关雎》《雀巢》《桃夭》《狼跋》《螽斯》与《麟之趾》，都是尹吉甫西迎韩侯时的诗篇，时间是宣王四年”。李氏还说，王引之《经义述闻》中说“公姓”“公族”都是子孙的意思，“那么，这首诗也是恭贺子孙众多的意思。所恭贺者为公，与《狼跋》篇公孙相合，因而使我们知道这首诗也是恭贺韩侯娶妻的”。或许最开始真的是恭贺某个人的，不过在孔夫子及其后学那里，是不是韩侯已经不重要了，重要的是王公子弟能不能有信厚之德。

为什么是恭贺子孙众多呢？极有可能是因为在《诗经》那个时代，麋鹿满世界都是，出门就能看到一群群的麋鹿。相对于麋鹿而言，人的族群则要小得多，人们就想要是谁家有这么多人口，岂不是很厉害吗？给人这样的祝福，谁会不高兴呢？看看那满山遍野的鹿角，看看奔腾而过的鹿蹄子，看看那无数的鹿的背影，祝你家的后代也像它们一样繁荣兴旺。我想，诗人这样去祝福人，被祝福的人应该会开怀一笑吧。

对于我们而言，祥瑞也不重要，我们可以质疑，重要的是能够给子孙后代讲故事。所以，我们把麟理解为驯鹿也无伤大雅。“驯鹿（reindeer）：偶蹄目（Artiodactyla）、鹿科（Cervidae）、美洲鹿亚科（Odocoileinae）、驯鹿属（Rangifer）动物。别名角鹿，因其角似鹿，蹄似牛，背似马，尾似驴，故有假四不象之称。……广泛分布于欧亚和北美大陆，北纬48°以北地区……是一种耐寒力甚强的环北极型动物。”（《中国农业百科全书·畜牧业卷下》）现在中国的驯鹿似乎数量不大。

驯鹿，性情温顺，愿意和人接近，也是带着圣诞老人去给孩子们送礼物的动物。《麟之趾》，就可以理解为老人给小孩子讲故事。凤凰和麒麟都是神奇的动物，人们赋予它们各种神奇的能力，包括护佑子孙成长的意义。这种美好的愿望，才是诗意所在。为什么诗人要说凤凰，要说麒麟？可能他们心中也有美好的想象。麒麟是仁厚的象征，是长寿的象征，是收获的象征，也是多的象征。凤凰是美丽的象征，是幸福的象征，是君子的象征。“凤凰麒麟皆在郊棷”（《礼记·礼运》），“麟角凤爪不必为斗设”（《抱朴子外篇·广譬》），“今凤凰麒麟不来，嘉谷不生”（《管子·封禅》），子孙贤能，方有希望。这不仅仅是诗意的浪漫，更是中国人的理想之一。

来一首王安石的《赠外孙》诗，结束本篇的解说：

南山新长凤凰雏，眉目分明画不如。
年小从他爱梨栗，长成须读五车书。

（作者单位：国家图书馆）

释　冠

侯　婕

中国古人多披发、编发，或骨笄束发。随着生产水平的提高和礼仪制度的完善，冠作为古人服饰中的一项配件，逐渐成为人们日常生活中不可或缺的一部分，并具备了一定的文化意义。古人居处行礼时，因身份地位不同，出席场合有异，所戴之冠也有所区别。上古之冠少有出土实物印证，关于其形制、功用的描述，多见于礼书记载。我们通过研读“三礼”以及历代礼书、礼图，对汉代以前冠的形制、功用以及象征意义，还是可以做到一定的还原的。

冠作为首服之总称，包括冕、弁、冠三种形制。

冕是首服中最尊贵者，其形制有延（覆于冕上的长方形木板，外裹布）有武，前有旒。根据《周礼》记载，弁师掌管天子的五冕，即与天子行吉礼时所着衮冕、鷩冕、毳冕、希冕、玄冕五种服饰搭配的首服，天子祭祀昊天上帝和五帝时，身穿大裘而着冕；祭祀先公，举行飨礼、射礼时，身穿鷩服而戴冕；祭祀四方名山大川和一般的山川时，身穿毳服而着冕；祭祀社稷与五行之神时，身穿希服而戴冕；祭祀群小神时，身穿玄端而戴冕。这五冕的延上面都裹以玄布，下面裹以朱布，延下武两侧都有贯穿笄的纽，纽中贯穿玉笄，笄两端系有朱色的丝带，丝带一头系于笄左端，一头绕颐而上系于笄的另一端。冕的前后沿悬有以五彩丝线贯穿玉珠而成的旒，天子之冕前后有十二旒，旒上串有玉珠十二；诸侯之冕前后有九旒，旒上串有玉珠九；卿大夫之冕前后有五旒，旒上串有玉珠五。（关于旒的悬挂，历代存有争议，孔颖达认为天子之冕，前后各有十二旒，后世注家多从此说。而江永《礼记训义择言》认为冕只有前旒，用以蔽明，其后无旒。天子之冕若前后皆有旒，则有二十四旒，共二百八十八玉，未免过于繁重。本文依照孔疏之说，不作详辨。）

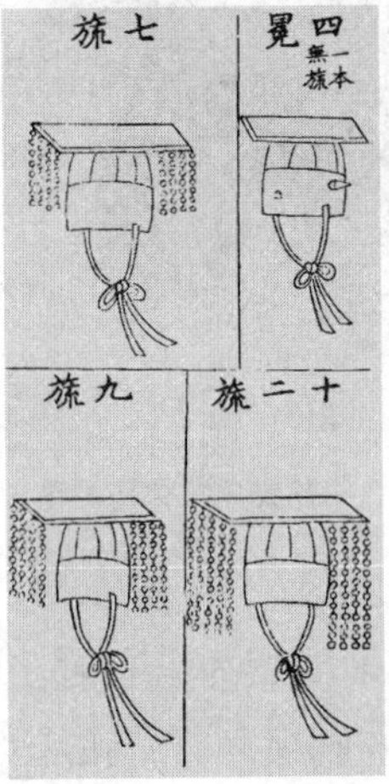

宋聂崇义《新定三礼图》

湖北省钟祥市长滩镇大洪村龙山坡梁庄王墓出土的明代冕冠

弁在首服中的地位仅次于冕，由会、璂、邸、笄、纮构成。弁多用韦革制作而成，根据所用皮革材料不同，名称也有不同。有用赤而微黑色皮革做成的，叫作爵弁；有用白色鹿皮做成的，叫作皮弁；有用赤色皮革做成的，叫作韦弁。天子的皮弁以十二块白鹿皮缝合而成，每两块鹿皮缝合处叫作会，会上都嵌有丝线贯穿的五彩玉珠，叫作璂。皮弁下有用象骨做成的周缘，叫作邸，皮弁中贯穿有玉笄，笄两端系有丝带，叫作纮。诸侯、孤、卿大夫所戴韦弁、皮弁上的玉璂则各依照其命数：侯伯璂饰七珠，子男璂饰五珠，珠玉三色；孤璂饰四珠，三命之卿璂饰三珠，再命之大夫璂饰二珠，珠玉二色；一命之大夫及士之会无结饰。凡遇军事，天子身穿韦弁服而戴韦弁。日视朝，天子及臣均身穿皮弁服而戴皮弁。诸侯每月初一以特牲告于太庙，颁布一月之政时，自相朝聘时，皆着皮弁服而戴皮弁。士冠礼中，宾客为冠者加冠，亦加有皮弁、爵弁之冠。

除冕与弁之外，礼书中最常见的、运用范围最广的当属冠。冠既是首服之常服，又在常服中分化出礼冠的概念。

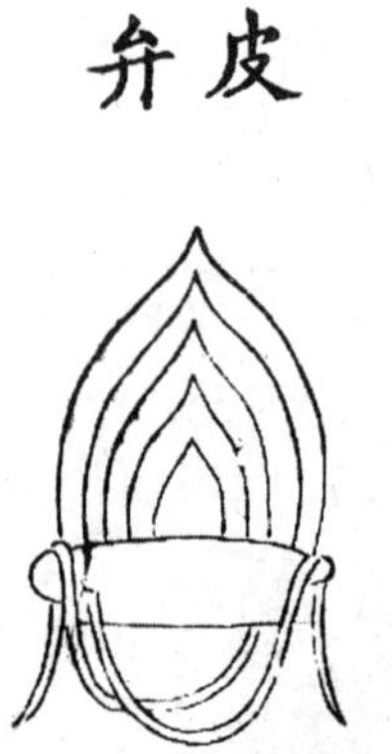

宋聂崇义《新定三礼图》

湖北省钟祥市长滩镇大洪村龙山坡梁庄王墓出土的明代皮弁

常服之冠，上古时期用白布冠，春秋时期逐渐演变为缁布冠。而缁布冠的形制如何?《仪礼·士冠礼》曰：“大古冠布，齐则缁之。”又曰：“缁布冠，頍项，青组缨，属于缺。”即言上古时冠白布冠，用白布为之，遇斋戒之事则染为缁布，缁布冠有頍项，用以固发，有系冠的青色丝带，丝带与缺相连，如图所示。

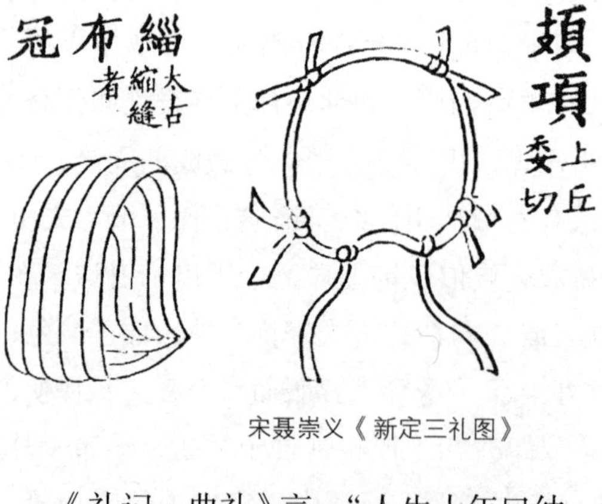

宋聂崇义《新定三礼图》

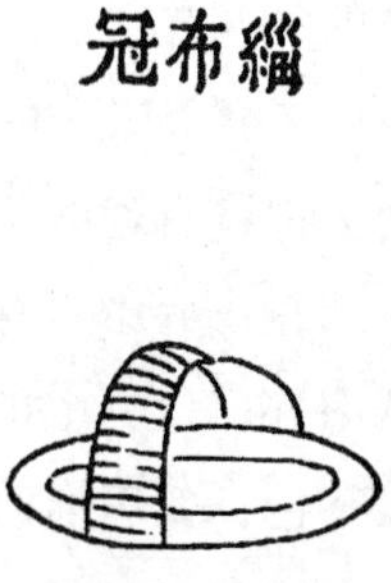

清张惠言《仪礼图》

《礼记·曲礼》言：“人生十年曰幼，学。二十曰弱，冠。三十曰壮，有室。”古代贵族青年男子，到了二十岁时要举行隆重的加冠礼，作为成年的标志。《仪礼·士冠礼》记载了士这一阶层男子举行冠礼的具体仪式，其中最重要的环节就是冠者的父兄为冠者主持加冠的仪式，由尊贵的宾客为冠者加冠三次，始冠即此缁布冠，再加皮弁，三加爵弁。初加缁布冠，象征冠者从此具备治人的特权；次加皮弁，表示从此要服兵役；三加爵弁，表示从此拥有参加祭祀的资格。冠礼不但标志着一个人正式由青少年走向成人，并赋予了社会新成员身份的责任、义务、权利的正当性、合法性和神圣性，还寄托着成年人对社会新成员的祝福，正所谓“三加弥尊，喻其志也”，“三加弥尊，加有成也”。

在常服之首服缁布冠之上，又有常服之礼冠——玄冠。玄冠以黑缯为之，亦称委貌，古代又有章甫、毋追之称。

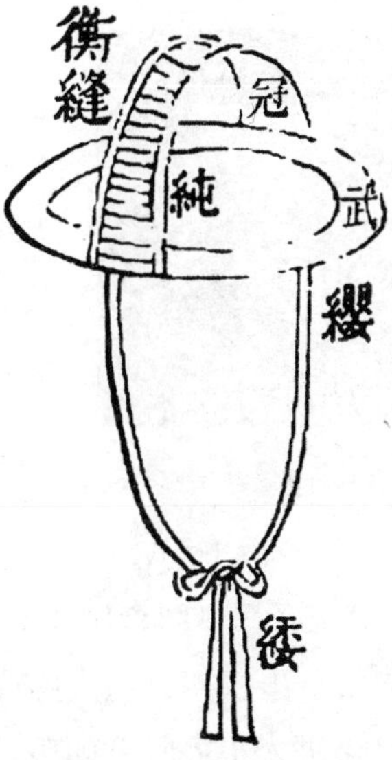

清张惠言《仪礼图》

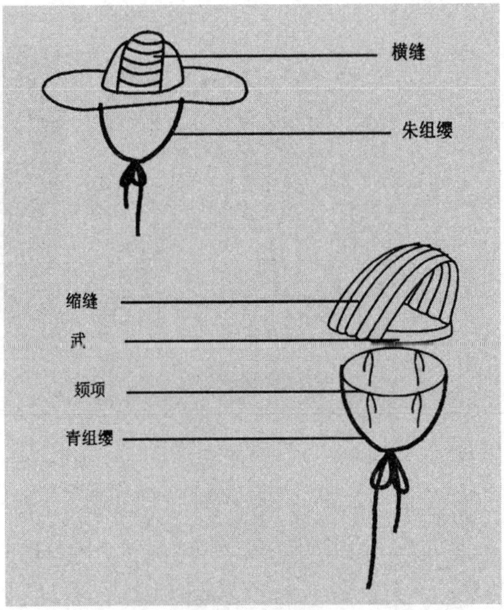

学礼堂绘制玄冠图

玄冠有武，有冠梁，有组缨，有緌，亦有頍项以固冠。冠梁缝于武，頍项系于武，组缨与頍项连接，绕于颔下，垂緌。因尊卑等级不同，组缨形制有别，《礼记·玉藻》：“玄冠朱组缨，天子之冠也。玄冠丹组缨，诸侯之齐冠也。玄冠綦组缨，士之齐冠也。”可知天子系冠的丝带为朱红色，诸侯系冠的丝带为红色，士系冠的丝带为青黑色。又根据《礼记·檀弓》记载，因时代不同、吉凶有别，冠梁形制也有差异。古人尚质，不论吉冠、丧冠，冠梁顺经线做褶，纵向缝合，皱褶少。周时吉冠尚文，冠梁顺纬线为褶，横向缝合，皱褶多；丧冠仍旧尚质，顺经线做褶，纵向缝合。如图所示：

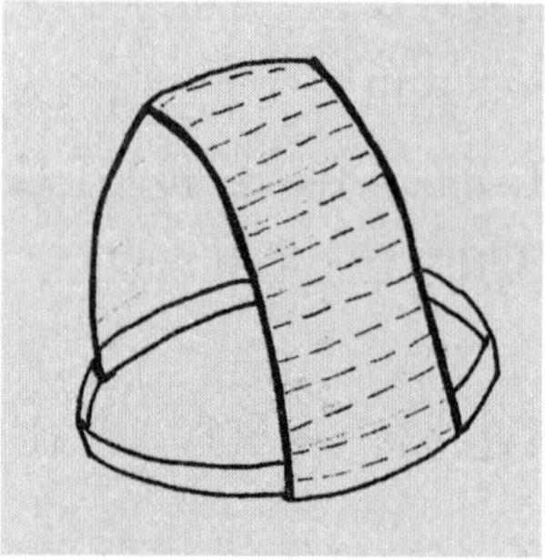

吉冠横缝示意图

吉冠横缝模型

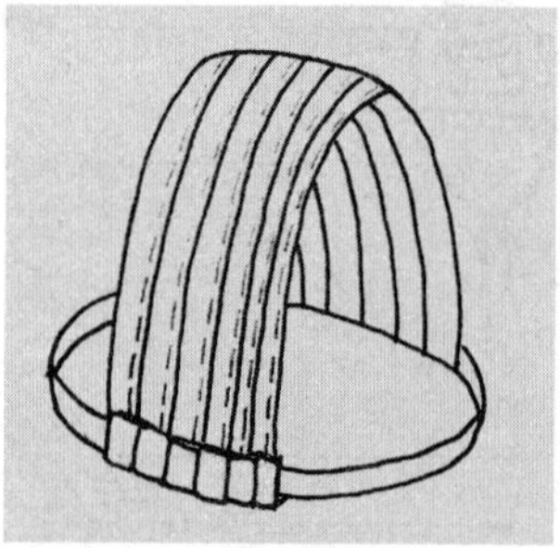

丧冠缩缝示意图

丧冠缩缝模型

根据礼书记载，玄冠多从属于玄端之服，主要用于以下场合：

一为天子、诸侯燕居之时。《礼记·玉藻》记载天子平日膳食用少牢，“卒食，玄端而居”，用完膳，身穿玄端服闲处。诸侯日出视朝，退入路寝处理政事，使人召见大夫商议决策，大夫离开后，诸侯进入小寝脱下朝服，换成玄端服。玄端服即首服玄冠，上服缁布衣，下服玄裳，或黄裳、杂裳，系缁带，缁韠或爵韠，穿黑屦。

二为大夫、士私朝之时。《礼记·玉藻》：“朝玄端，夕深衣。”郑玄注曰：“谓大夫、士也。”孔颖达疏谓：“大夫、士早朝，在私朝服玄端，夕服深衣，在私朝及家也。”可知大夫、士私朝之时服玄端服，着玄冠。

三为士常服之礼冠，用于士冠、士昏及特牲馈食礼等场合。根据《仪礼·士冠礼》记载，举行士冠礼之前，首先要在父庙占筮来决定举行冠礼的日期。占筮仪式中，士冠礼的主人、有司，即冠者之父兄和冠礼仪式中的宰、筮人、卦者、摈者、赞者都要身着玄端。举行士冠礼时，参加冠礼的宾客亦身着玄端，戴玄冠。冠者加爵弁冠行礼之后，带着挚礼去拜见国君、卿大夫、乡先生时，亦改服玄端服，戴玄冠而往。

又《仪礼·士昏礼》："昏礼。下达，纳采用雁。主人筵于户西，西上，右几。使者玄端至。"可知在举行士昏礼时，男方所派遣到女方家行纳采礼的使者身着玄端，冠玄冠，问名、纳吉、纳征、请期及亲迎礼过程中，使者亦如此。此外，在新郎至女方家迎娶新娘时，新娘的父亲也要身着玄端，戴玄冠出门迎接新郎。

同样，在特牲馈食礼当中，主人、所祭之人的子孙们和兄弟们以及参加祭祀活动的执事者都穿玄端服，戴玄冠。《仪礼·特牲馈食礼》："特牲馈食之礼。不诹日。及筮日，主人冠端玄，即位于门外，西面。子姓兄弟如主人之服，立于主人之南，西面北上。有司群执事如兄弟服，东面北上。"

此外，《礼记·内则》："子事父母，鸡初鸣，咸盥、漱，栉、縰、笄、总，拂髦、冠、緌、缨、端、韠、绅，搢笏。"即言为人子女，鸡一打鸣，就要梳洗好前去拜见父母。拜见父母前，要用黑缯缠发，发髻插好笄，束好脑后的头发，让它下垂为饰，拂去髦上的灰尘戴在头上，再戴好玄冠，使緌垂在冠缨之下，身着玄端服，系蔽膝，束绅带，带上插笏板。可知儿子拜见父母，亦是戴玄冠而往。

以上为吉礼服玄冠之例，若遇凶礼，丧冠的形制则在玄冠的基础上有所改变。丧服有精粗之分，最粗者为斩衰之服，用三升布，每升八十缕，合二百四十缕，最细者为缁布冠之布，以三十升布制成，合二千四百缕。据《仪礼·丧服》记载，丧冠用六升布，合四百八十缕，制丧冠的布要经过捶洗，捶洗时不加灰。吉冠冠缨用丝带为之，丧冠则用麻绳从前额绕到后脑勺，再反绕至耳旁，以此为冠圈，多余的麻绳下垂为缨，系于颈下。吉冠冠梁与武缝合时，外包武而向内翻，丧冠则冠梁内包裹武而外翻，且根据丧服轻重之别，大功已上，右辟而缝之，冠布上的皱褶一律缝向右边，小功已下，左辟而缝之，冠布上的皱褶则一律缝向左边。如图所示：

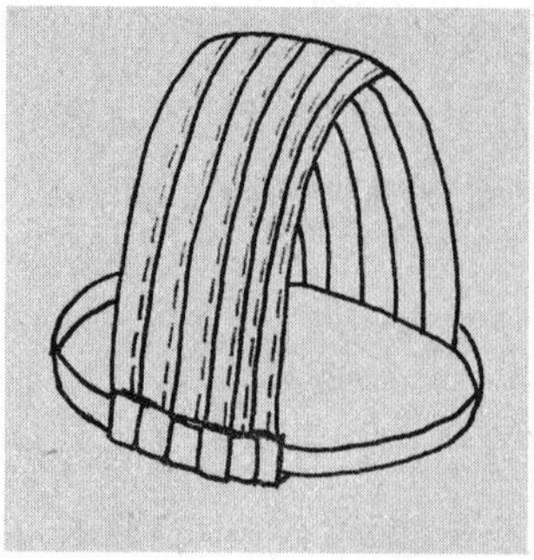

大功已上，右辟而缝之

丧冠右缝外毕模型

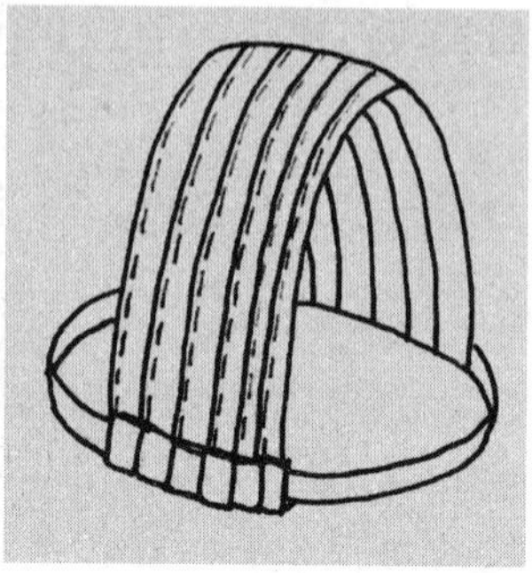

小功已下，左辟而缝之

学礼堂绘制

冠为首服，古人重礼，将其视作“礼之始”。《礼记·冠义》言：“冠而后服备，服备而后容体正，颜色齐，辞令顺。”因此，古人为青年举行加冠之礼，在宗庙中举行，要先行占筮，举行冠礼时在阼阶之上，用以表明父子相传的意义，还要邀请尊贵的宾客为冠者加冠，宾客为冠者加冠时都要献上美好的祝愿。第一次加缁布冠时，宾客即向冠者致祝辞：“令月吉日，始加元服。弃尔幼志，顺尔成德。寿考惟祺，介尔景福。”希望冠者在加此缁布冠后抛弃童心，谨慎地修养德行。再加皮弁时，致祝辞：“吉月令辰，乃申尔服。敬尔威仪，淑慎尔德，眉寿万年，永受胡福。”希望冠者能够保持成人的威仪而不懈怠。第三次加爵弁时，致祝辞：“以岁之正，以月之令，咸加尔服。兄弟具在，以成厥德。黄耇无疆，受天之庆。”祝愿冠者在这样的日子里成就美好的德行，长寿无疆，永享天赐之福。加冠之后，宾客向冠者授醴酒，并教导冠者行祭祀之礼，还要为冠者取字，祝辞说：“礼仪既备，令月吉日，昭告尔字。爰字孔嘉，髦士攸宜。宜之于假，永受保之，曰伯某甫。”如此，冠礼乃成。冠者加冠后将受到母亲、兄弟的拜礼，还要前往拜见国君、卿大夫、乡先生，使他正式以成人的身份参加社会活动，以成人的道德指标要求自己。

作为一个成年人，所佩戴之冠与对冠的重视程度，能够反映出一个人的品德高下。《礼记·玉藻》：“垂緌五寸，惰游之士也。玄冠缟武，不齿之服也。”即言冠下緌饰下垂五寸之长，多是惰怠失业之士所戴之冠。头戴玄色的冠，冠圈却是白色，多为人们所不齿。《史记·仲尼弟子列传》记载卫出公时，子路担任卫国大夫孔悝采邑的长官。起初，卫出公的父亲蒯聩因得罪卫灵公的宠姬南子，逃亡国外。出公继位十二年后，蒯聩与孔悝联合作乱，企图杀掉卫出公而夺取王位。卫国内乱时，子路有事在外，听到消息后立刻赶回来，正遇见从城门出来的子羔。子羔劝子路说：“卫出公已经出逃了，城门已经关闭，您可以回去了，不要为他遭受祸殃。”而子路却称：“吃着人家的粮食就不能回避人家的灾难。”故而入城劝谏蒯聩不要任用孔悝。蒯聩不听，子路于是放火焚烧蒯聩和李悝所登之台。蒯聩派石乞、壶黡攻击子路，斩断子路冠缨，子路言：“君子死而冠不免。”于是结缨而死。子路抱义守礼，临死不忘正冠，由此可见冠在当时知礼之人心目中的地位。

汉代以降，冠的形制逐渐丰富，但到晚清民国以来，随着西方文明与生活模式的传入与普及，冠逐渐淡出人们的视野，形制也大为改变，除军队、少数民族群体中还保留着戴冠的场合、要求与内涵之外，对于普通人来说，冠仅仅是日常服饰中的一样配饰，并不具备特殊意义。但是厘清古书记载中冠的形制、用途及内涵，对我们阅读礼书、研究古礼，仍具有一定的参考价值。

（作者单位：南京师范大学）

从贾谊到司马迁：西汉盛世文人思想性格之演变

付英超

西汉前中期是汉帝国在稳定与恢复之中走向繁荣的时代，文景之治作为专制帝国的第一个盛世，将国家带向了欣欣向荣、昂扬向上的历史阶段。但清静无为的政治思想终究不能掩盖汉王朝的政治向着大一统演变的历史趋势。当武帝即位，支持黄老思想的窦太后终于撒手人寰的时候，大一统的机器开始加速运转并急剧地改变了政治生态。尚继承战国纵横家遗风的汉初文人也被迫在大一统的政治高压下改变了自己的处世态度，文人的思想性格发生了极大的改变。

一、走向帝国时代

秦扫灭六国，战国士人在历经数百年期盼与奔波之后终于迎来了六合一统的局面。在这数百年的战火纷飞中，旧贵族一步步走向没落，身为新兴士阶层的诸子文士们以自己强烈的修补苍天、平治天下的主体意识担当起了历史的重任，他们把自己的一腔热血投入纵横捭阖的战国风雨，以自己建立或完善的思想体系为国家的统一奠定了理论上的基础。

凭借着法家学说取得战争胜利的秦国，最终没有凭借法家思想巩固起打下的天下。焚书坑儒对士人的迫害、严刑酷法制造的政治恐怖、统治者内部的血腥斗争换来的是风起云涌的反抗与起义，其结果是使立足未稳的秦王朝迅速垮掉，五百年基业一朝化为乌有。而在随之而来的楚汉战争中，范增、张良、陈平、郦食其、蒯通等士人依然延续了战国时期文人的社会责任感，这一阶层在争夺天下时举足轻重的地位使得素来“慢而侮人”的刘邦都不得不感叹自己“所以取天下”是因为任用张良、萧何、韩信等人杰。在汉帝国的建立和巩固中建立起不世之功的士人，摇身变为士大夫，带着昂扬的精神面貌走进了统一王朝的盛世。

西汉开国，君临天下的刘邦面临的首要问题是如何建立起新的政治体制，而殷鉴不远，中央集权的秦朝和分封诸侯的项羽相继灭亡的惨痛教训还历历在目，刘邦最终选择了郡国并行的政治体制，既是汲取历史教训的保守做法，也是对在灭楚战争中大有功劳的诸侯和功臣的必要回馈。

然而好景不长，刘邦生性猜忌的性格引发了他与异姓诸侯国的矛盾，在新一轮的平乱战争中，刘邦逐一翦灭造反的异姓王，并立下“非刘氏而王者，若无功上所不置而侯者，天下共灭之”的制度，刘氏的家天下统治得到巩固。在中央清静无为的政治思想下，同姓诸侯国逐渐坐大，并最终引发了七国之乱。平乱之后，同姓诸侯国的权力也逐渐被中央夺取，中央集权进一步巩固。

在诸侯国势力尚盛的时候，藩国文人集团蔚为大观。《汉书·贾邹枚路传》说：

> 汉兴，诸侯王皆自治民聘贤。吴王濞招致四方游士，阳与吴严忌、枚乘等俱仕吴，皆以文辩著名。

邹阳、枚乘、羊胜、公孙轨等分散各国，并且受到了诸侯国的隆重待遇。严格来说，诸侯国养士的目的在于扩张势力、提高声价，甚至为伺机登上帝王宝座做准备。但站在历史的高度上审视，这是在郡国并行的体制下分封制传统的孑遗、战国养士之风的延续，它在客观上促进产生了一批精神上与战国文士极其接近的文人群体。当此之时，文人冀图在新的政治环境下复兴当年百家争鸣、自由思考的外部环境——但是时代毕竟不同了。尽管从后世的眼光看来，这种现状为没有在中央受到重用的他们提供了更加广阔的回旋余地和发展空间，但流动的知识分子对中央构成了潜在的不稳定因素，加重了中央王朝的压力。汉帝国毕竟不是周王室，随着大一统的进程，藩王的权力削弱，百家争鸣的历史足音渐行渐远，想要施展才能的文士也被迫回归御用文人的队伍，他们的主体性不断被挤压削弱，成为润色鸿业的文学侍从。这一过程也标志着朝廷对文人空前控制的完成。

二、雨打风吹的帝国文人

（一）贾谊到司马迁之思想转变

贾谊和司马迁都是汉代前中期重要的文人，他们一生活在文帝时期，一生活在武帝时期，都是处在大一统体制内的文人，即我们前面所称的御用文人。二人的经历显示出御用文人群体在大一统体制内适应和蜕变的早期过程。

作为汉初文人的代表，贾谊是相对萧索的汉初文坛一颗耀眼的明星。其思想也呈现出复杂的状况，与司马迁不同的是，贾谊的思想是战国文士思想与盛世文人思想的杂糅。

贾谊，洛阳人，生于高祖刘邦七年，卒于文帝十二年。十八岁以“诵诗属书”闻名郡中，后来被举荐到朝廷任博士，受到文帝的喜爱，却因此受到老臣的排挤，以“专擅之罪”被贬为长沙王太傅，后改任梁怀王太傅，因梁王坠马而亡，贾谊在内疚与忧郁中英年早逝。

贾谊的思想，以被外放为界限分为两个阶段。

前期，贾谊凭借少年天才的气概，有着类似于战国文士那种兼容各家的气魄。大体上，我们可以说他是以儒为主，外儒内法。

贾谊是以儒学起家的，如前所述，他十八岁以《诗》《书》闻名，对儒学有着很好的基础。同时，贾谊也是《左传》的重要传人，据陆德明《经典释文·序录》记载：“（荀）况传武威张苍，苍传洛阳贾谊。”同时《后汉书·儒林列传》也载：“梁太傅贾谊为《春秋左氏传训诂》，授赵人贯公。”

在贾谊的《新书》中，儒家思想占据主要地位，其中一些文字与《大戴礼记》中的《傅职》《保傅》《连语》《辅佐》《胎教》大量重合。而“道德仁义，非礼不成；教训正俗，非礼不备；分争诉讼，非礼不决；君臣上下，父子兄弟，非礼不定；宦学事师，非礼不亲；班朝治军、莅官行法，非礼威严不行；祷祠祭祀，供给鬼神，非礼不诚不庄。是以君子恭敬、撙节、退让以明礼”这种俯拾即是的语句，显示出贾谊浓重的荀子式经世致用的儒家思想。故而刘歆有言：“在汉朝之儒，唯贾生而已。”（《汉书·楚元王传》）

秦亡以来，法家思想在政治统治上栽了大跟头，但这并不意味着法家思想的彻底破产，抽象的黄老或儒家思想都无法有效地驱动国家机器，因而法家的政治手段依然充斥在帝国的每一个角落。

《史记·太史公自序》言“自曹参荐盖公言黄老，而贾生、晁错明申、商”，故司马迁把贾谊归为法家。考其生平，将贾谊引入仕途的是对其有知遇之恩的吴公，据《汉书》本传记载：

> 河南守吴公闻其秀材，召置门下，甚幸爱。文帝初立，闻河南守吴公治平为天下第一，故与李斯同邑，而尝学事焉，征以为廷尉。廷尉乃言谊年少，颇通诸家之书。文帝召以为博士。

贾谊因受吴公的喜爱被招入吴公的门下，而吴公又曾经学事李斯。从这一层关系上来说，贾谊是李斯的再传弟子，应当受到很大的法家思想的影响，这也解释了为何他呈现出儒法夹杂的思想状态。

在政治实践上，《史记》本传记载贾谊“悉更秦之法”，即对秦国的法律进行了大刀阔斧的改革，虽然改革最终没有全部为文帝接受，因而内容不见诸史册，但我们可以从他的著述中想见他的政治思想：

> 夫仁义恩厚，人主之芒刃也；权势法制，人主之斤斧也。（《汉书·贾谊传》）

这是将仁义道德与权势法制相互结合、相互补充。这种礼法结合可以上溯到他的前辈荀子。一方面，在《左传》的传承中，贾谊是荀子的再传弟子；另一方面，在吴公这一脉中，贾谊是荀子的三传弟子。联系这一点，我们应当能够理解贾谊的这种思想状况是有着很深的渊源的。

后期，因仕途不顺，身处江南卑湿之地的贾谊，其思想掺入了黄老思想与楚文化因素。

秦朝的迅速覆亡给了统治者极大的震撼，极端的法家统治之后就是走向对立面的无为而治，“反秦之敝，与民休息”的口号成为社会的普遍共识，黄老思想成为统治的政治思想，身处这个社会的人或多或少都渐染了该思想的影响。因此，尽管贾谊大体是一个儒家式的人物，根系于儒家的仁义道德，但也受到黄老思想的影响。据李书玮研究，在其所著《新书》中，“道者无形，平和而神”“道德造物”“物所道始谓之道”“物有形而道德之神专而为一气”等，都与老子的道有着很深的渊源。

道家以其幽深渺远的思想、与世无争的俯仰态度，在漫长的专制时代中成为士人在失意之时的心灵慰藉，贾谊亦不例外。长沙三年，贾谊的思想发生了极大的改变，道家思想渗入，这一点突出体现在《鹏鸟赋》中：

> 万物变化，固亡休息。斡流而迁，或推而还。形气转续，变化而嬗。沕穆亡间，胡可胜言！祸兮福所倚，福兮祸所伏。……
>
> 真人恬漠，独与道息。释智遗形，超然自丧；寥廓忽荒，与道翱翔。乘流则逝，得坎则止；纵躯委命，不私与己。其生兮若浮，其死兮若休？澹乎若深渊之静，泛乎若不系之舟。不以生故自保，养空而浮。德人无累，知命不忧。细故蒂芥，何足以疑！

其中的“祸兮福所倚，福兮祸所伏”“释智遗形”“其生兮若浮，其死兮若休”“德人无累，知命不忧”等，都是以老庄的词句作为立论的出发点和落脚点。“从天道观的相对无穷，到知识的相对无真，以至人生观的死生齐一，结论为庄子的知命委命。”这种文句，正昭示着孕育自南楚文化的道家对贾谊的精神渗透。

贾谊受南方文化影响的另一方面体现在他受屈原的影响之深。在贾谊南下之后，因境遇和心态的相似，贾谊对屈原产生了强烈的惺惺相惜的认同感。在初放之时，贾谊经过湘江，思接千古，作《吊屈原赋》：

> 恭承嘉惠兮，俟罪长沙；仄闻屈原兮，自湛汨罗。造托湘流兮，敬

吊先生。遭世罔极兮，乃殒厥身。乌虖哀哉兮，逢时不祥！鸾凤伏窜兮，鸱枭翱翔。阘茸尊显兮，谗谀得志；贤圣逆曳兮，方正倒植。谓随、夷溷兮，谓跖、蹻廉；莫邪为钝兮，铅刀为铦。于嗟默默，生之亡故兮！斡弃周鼎，宝康瓠兮。腾驾罢牛，骖蹇驴兮；骥垂两耳，服盐车兮。章父荐屦，渐不可久兮；嗟苦先生，独离此咎兮！

字里行间都是对屈原的同情和对自己被谮害的愤懑。汉代文化本受到浓厚楚文化的影响，因而有汉一代，辞赋风靡，屈原也成为汉代文人竞相模仿的对象。贾谊在天问式的咏叹中流露出对现实的不满，以及对奇幻的理想世界的追寻。这种文字已经不再是贾谊当年那整饬论证、理性剖析的政论文，而是充满了南楚浪漫主义色彩，虽然这种文字因现实的失意呈现出浓厚的悲剧色彩。若干年之后，文帝重新想到了贾谊：

后岁余，文帝思谊，征之。至，入见，上方受釐，坐宣室。上因感鬼神事，而问鬼神之本。谊具道所以然之故。至夜半，文帝前席。既罢，曰："吾久不见贾生，自以为过之，今不及也。"（《汉书·贾谊传》）

受到南方巫楚文化和黄老思想影响的贾谊变得更加圆润成熟，大体能够进入那个时代的统治思想的体系之中，也因此再次获得了文帝的欣赏。因为命运的捉弄，贾谊始终没能走向政治中心，三十三岁而英年早逝，愤懑而死。这个已经深受黄老思想影响的文人在获得了新的机遇时，仍念念不忘儒家的平治天下的政治宏图，也因此给历史留下了沉重的足音。

贾生在政治上的打击是因为思想的不合时宜，时代也最终扭转了贾谊的思想。在休养生息为当务之急的汉初，年轻气盛、带着浓重的战国文士思想的贾谊的政治主张不被采纳是必然的，这是社会对一个意气少年的无情改造，是一个正在休养中的巨人对躁动的幼子的无情压制。但这并不意味着贾谊政治观念的失败，事实上，在后来大一统改革狂飙突进的年代，他的很多主张在后世被重新提上日程，为促进大一统进程提供了有力的政治思想。

司马迁思想的凝结同样是一个漫长的过程，在其权舆阶段，其父司马谈功不可没。从司马谈的不朽名篇《论六家要旨》中，我们可以看到司马谈的主要思想仍是黄老思想。然而司马谈毕竟是一位有着卓越政治眼光的史学家，史学家的灵敏嗅觉让他不会感受不到大一统齿轮的运转，而这颗齿轮所需要的润滑剂不是黄老之学，而是经过改造的新儒学。在对儿子司马迁的培育中，司马谈并不仅仅以黄老之学教授，他让司马迁学习儒家经典，并兼习今古文，同时让司马迁向今文经学大师董仲舒和古文经学大师孔安国学习，使得司马迁从一开始就具有了广阔的学术视野和坚实的文化功底，也让司马迁站在了同侪的前列、历史的潮头。

司马迁的思想杂糅各家，呈现出从黄老到儒学过渡的趋势。

黄老本质上作为一种杂家，具有开放包容的特点。开放包容本是大一统思想的必要特点，但过于强调与民休息、无为而治的话，就会在核心思想上与加强中央集权相抵牾，因而最终在政治思想主导权的夺取中败下阵来。但从新道家到新儒家，统一帝国政治统治思想的多元融合特性从未改变。

司马迁亦是如此，虽然《史记》中表现出来的儒学思想占据了相当大的比重，但他的思想仍然根植于其父司马谈的黄老思想。班氏《汉书》评价司马迁“是非颇谬于圣人，论大道则先黄老而后六经”，早在汉代的文人眼中，司马迁就不是一个具有正统儒家思想的人。

作为恰好进入大一统进程的文人，其沥血而成的《史记》就是一部日渐式微的黄老思想对逐渐坐大的儒家思想融合和斗争的著述。以道为最高准则的黄老思想和以纲常礼教为核心的儒学在统治思想地位中交争的背后，是新兴的专制政统对道统的压制和对最高文化话语权的争夺，而司马迁则将这一注定在现实中失败的斗争转移到了笔墨之中。

首先，在政治思想上，司马迁崇尚的是黄老与民休息、无为而治的思想。从《管晏列传》的“下令如流水之原，令顺民心”到《孝文本纪》的“即位二十三年，宫室苑囿狗马服御无所增益，有不便，则弛以利民”，司马迁对这些具有相关政治思想的政治家给予了高度评价。而这一切都是针对司马迁所身处的一代专制雄主——汉武帝而发出的。好大喜功、自矜功伐的汉武帝在其漫长的统治时期里发动了数不清的对外战争，尽管有诸如抗击匈奴、弭除边患的几次还算是正义的战役，可也有不少诸如攻伐大宛，仅仅是为了几千匹马和给宠姬李夫人的兄长李广利制造战功这样荒谬的战争行为，其结果是把整个国家变成了一部庞大的战争机器。据《史记·平准书》记载，武帝刚刚即位之时：

汉兴七十余年之间，国家无事，非遇水旱之灾，民则人给家足，都鄙廪庾皆满，而府库余货财。京师之钱累巨万，贯朽而不可校。太仓之粟陈陈相因，充溢露积于外，至腐败不可食。众庶街巷有马，阡陌之间成群，而乘字牝者傧而不得聚会。守闾阎者食粱肉，为吏者长子孙，居官者以为姓号。故人人自爱而重犯法，先行义而后绌耻辱焉。

简直是百姓“如尧舜之民”的太平盛世。但司马迁随即写出“物盛而衰”，武帝即位之后，为了满足战争开支，兴发民力，搜刮民财，很快就把社会面貌变得面目全非：

兵连而不解，天下苦其劳，而干戈日滋。行者赍，居者送，中外骚扰而相奉，百姓抏獘以巧法，财赂衰秏而不赡。入物者补官，出货者除罪，选举陵迟，廉耻相冒，武力进用，法严令具，兴利之臣自此始也。

高度集权的大一统帝王将天下玩弄于股掌之中，这是具有黄老思想底色的司马迁对汉武帝不满的根本原因。

再者，所谓“序游侠则退处士而进奸雄”，司马迁所表现出的对侠义精神的肯定同样与正统儒家相悖。这与司马迁的个人经历密切相关。金圣叹说，一部《史记》，不过“缓急人所时有”六字，便是深得太史公著书真意。

司马迁对游侠的激赏，突出体现在《刺客列传》中：

豫让遁逃山中，曰：“嗟乎！士为知己者死，女为说己者容。今智伯知我，我必为报仇而死，以报智伯，则吾魂魄不愧矣。”乃变名姓为刑人，入宫涂厕，中挟匕首，欲以刺襄子。……

豫让曰：“臣事范、中行氏，范、中行氏皆众人遇我，我故众人报之。至于智伯，国士遇我，我故国士报之。”襄子喟然叹息而泣曰：“嗟乎豫子！子之为智伯，名既成矣，而寡人赦子，亦已足矣。子其自为计，寡人不复释子！”使兵围之。豫让曰：“臣闻明主不掩人之美，而忠臣有死名之义。前君已宽赦臣，天下莫不称君之贤。今日之事，臣固伏诛，然愿请君之衣而击之，焉以致报仇之意，则虽死不恨。非所敢望也，敢布腹心！”于是襄子大义之，乃使使持衣与豫让。豫让拔剑三跃而击之，曰：“吾可以下报智伯矣！”遂伏剑自杀。死之日，赵国志士闻之，皆为涕泣。

在对豫让的描写中，司马迁动情地展示了豫让“士为知己者死”的伟大精神，字里行间都是对这种不因时势变异而坚守忠肝义胆的仁人志士的赞叹。

对这种感情，司马迁是深深向往的。李陵之祸的时候，不过是为李陵说了几句话，便被武帝处以宫刑。当此之时，满朝文武、亲朋好友没有一个人站出来为司马迁说情，也没有人甘愿出资为司马迁交付赎金。出狱之后，司马迁“重为乡党戮笑”，尝到了“负下未易居，下流多谤议”的世态炎凉，对现实人情感到了深深的绝望。同样在《管晏列传》中，这一对朋友之义的向往达到了令人泪流的动情：

管仲曰：“吾始困时，尝与鲍叔贾，分财利多自与，鲍叔不以我为贪，知我贫也。吾尝为鲍叔谋事而更穷困，鲍叔不以我为愚，知时有利不利也。吾尝三仕三见逐于君，鲍叔不以我为不肖，知我不遭时也。吾尝三战三走，鲍叔不以我为怯，知我有老母也。公子纠败，召忽死之，吾幽囚受辱，鲍叔不以我为无耻，知我不羞小节而耻功名不显于天下也。生我者父母，知我者鲍子也。”

千载之下，仍然令人感动不已。

司马迁注重商业，崇尚财富，肯定人们追求富贵的本性，即所谓“崇势利而羞贫贱”，这一点是不与民争利的黄老思想在经济上的延续，更是为正统儒家所不容。司马迁在《史记》的行文中尤其是《货殖列传》中，明显地展示出对所谓“势利”的崇尚：

由此观之，贤人深谋于廊庙，论议朝廷，守信死节隐居岩穴之士设为名高者安归乎？归于富厚也。是以廉吏久，久更富，廉贾归富。富者，人之情性，所不学而俱欲者也。故壮士在军，攻城先登，陷阵却敌，斩将搴旗，前蒙矢石，不避汤火之难者，为重赏使也。其在闾巷少年，攻剽椎埋，劫人作奸，掘冢铸币，任侠并兼，借交报仇，篡逐幽隐，不避法禁，走死地如骛者，其实皆为财用耳。今夫赵女郑姬，设形容，揳鸣琴，揄长袂，蹑利屣，目挑心招，出不远千里，不择老少者，奔富厚也。游闲公子，饰冠剑，连车骑，亦为富贵容也。弋射渔猎，犯晨夜，冒霜雪，驰坑谷，不避猛兽之害，为得味也。博戏驰逐，斗鸡走狗，作色相矜，必争胜者，重失负也。医方诸食技术之人，焦神极能，为重糈也。吏士舞文弄法，刻章伪书，不避刀锯之诛者，没于赂遗也。农工商贾畜长，固求富益货也。此有知尽能索耳，终不余力而让财矣。

这一段将贤人、隐士、官吏以及商人、盗贼、医生等一网打尽，指出他们的所作所为不过“归于富贵也”，这种对儒家纲常礼教近乎挑衅的话语实在是引人注目。它揭示了底层人民追求财富和享受的天性，是对自己骄奢淫逸而让百姓艰苦节约的统治阶级的无情鞭挞。

尽管如此，不可否认《史记》中的儒家思想仍然十分厚重，这既表现出早期的教育对司马迁的影响，也是整个波诡云谲的思想变动时代稳步走向神坛的儒家思想巨大影响的体现。

首先是对孔子和《春秋》的无上推崇。在《史记》中，孔子被列入世家，与王侯并列，这是对孔子“素王”地位的肯定。在《孔子世家》的最后，司马迁深情地说道：

太史公曰：《诗》有之：“高山仰止，景行行止。”虽不能至，然心乡往之。余读孔氏书，想见其为人。适鲁，观仲尼庙堂车服礼器，诸生以时习礼其家，余祗回留之不能去云。天下君王至于贤人众矣，当时则荣，没则已焉。孔子布衣，传十余世，学者宗之。自天子王侯，中国言六艺者折中于夫子，可谓至圣矣！

从求学期间耳濡目染了儒家经典和孔子作为文化巨人在历史上无法忽略的巨大存在，以及孔子作《春秋》在史官文化精神的传承中无可比拟的重要地位，真正使得司马迁对孔子具有了一种高山仰止的尊重，也奠定了司马迁对孔子所创立的儒家学派的尊重和肯定的基础。时代肯定了孔子这个文化巨人，也利用了这个文化巨人。

再者是司马迁对于儒家经典的肯定。在《史记》中，司马迁屡屡征引儒家经典：

> 周道缺，诗人本之衽席，《关雎》作。仁义陵迟，《鹿鸣》刺焉。（《十二诸侯年表》）
>
> 《书》曰："不偏不党，王道荡荡；不党不偏，王道便便。"张季、冯公近之矣。（《张释之冯唐列传》）

征引体现的是认同，对儒家经典的认同证明司马迁在很多方面已经认同了儒家的思想，因而使司马迁对儒家经典作出了高度的评价：

> 夫《春秋》，上明三王之道，下辨人事之纪，别嫌疑，明是非，定犹豫，善善恶恶，贤贤贱不肖，存亡国，继绝世，补敝起废，王道之大者也。《易》著天地阴阳四时五行，故长于变；《礼》经纪人伦，故长于行；《书》记先王之事，故长于政；《诗》记山川溪谷禽兽草木牝牡雌雄，故长于风；《乐》乐所以立，故长于和；《春秋》辩是非，故长于治人。是故《礼》以节人，《乐》以发和，《书》以道事，《诗》以达意，《易》以道化，《春秋》以道义。（《史记·太史公自序》）

然后就是对儒家人生观的认同。儒家所追求的"立德、立功、立言"的"三不朽"在《与挚峻书》中就已经表现得很明显，而写下"君子鄙没世而文采不表与后世"并真正地将这种理论实践于著史之中的司马迁，更是用实际行动将追求现实人生的功绩和历史的不朽地位明明白白地表达了出来。这种对于人生价值的积极追求，与后世千百万儒生一样并无二致，却与"以有涯随无涯，殆矣”的道家思想根本不同，这是儒家思想对司马迁最为深刻的影响，也是司马迁之所以为司马迁的根本所在。

司马迁复杂的思想是大一统初期文人思想的缩影，司马迁的政治态度和现实人生观的不同并不是他思想混乱的表现，相反，有着坚实黄老思想底色的他所展现出的对儒家思想的大度吸收，从而自成一脉的思想体系，反映的是知识分子坚定追求真理的伟大精神，尽管这种精神在时代面前越来越被驱赶到偏狭的思想方圆之中。

（二）贾谊到司马迁之性格转变

一个人的性格固然有先天的大影响，但现实的挤压与锻炼往往会在很大程度上改变一个人的性格。司马迁与贾谊都曾有过豪情万丈的少年时期，也都经历到了苦受困厄的低沉时期。这些个人经历以及随之而来的个人性格的转变，从微观上来看，其意义似限于一人，但从宏观上来看，则可以看到大时代的脉搏。

贾谊的性格转变，体现在他两个时期的作为和作品之中。

十八岁闻名于郡中，二十余岁超迁至太中大夫，贾谊表现出了一个年轻气盛的少年天才难免的自信与果敢，在政治场上更是出尽了风头：

> 是时，谊年二十余，最为少。每诏令议下，诸老先生未能言，谊尽为之对，人人各如其意所出。诸生于是以为能。文帝说之，超迁，岁中至太中大夫。
>
> 谊以为汉兴二十余年，天下和洽，宜当改正朔，易服色制度，定官名，兴礼乐。乃草具其仪法，色上黄，数用五，为官名悉更，奏之。（《汉书·贾谊传》）

我们从中不难想见他当时的得意与气魄，这种快速上升的地位、雷厉风行的措施，很快就引起了功将老臣的强烈抗议：

> 洛阳之人年少初学，专欲擅权，纷乱诸事。

一方面固然是政治斗争的说辞，但从“文帝谦让未惶”“于是天子亦疏之，不用其议”也反映出了贾谊的无所顾忌、刚毅果敢的气魄是真实存在的。少年天才，一路高歌猛进的仕途，再溯源到战国文士杂糅各家、勇于担当的历史气魄的流风余韵，都是贾谊在前期呈现出这种刚强果断的性格的现实和历史原因。

然而，这一切很快都随着帝王恩宠不再而烟消云散。刚刚被贬谪的时候，贾谊内心充满了悲愤，但仍然有一种归于刚强的性格底色，对自己的命运并未绝望。在《吊屈原赋》的最后一段中，他写道：

> 讯曰：已矣！国其莫吾知兮，子独壹郁其谁语？凤缥缥其高逝兮，夫固自引而远去。袭九渊之神龙兮，沕渊潜以自珍；偭蟂獭以隐处兮，夫岂从虾与蛭螾？所贵圣之神德兮，远浊世而自臧；使麒麟可系而羁兮，岂云异夫犬羊？般纷纷其离此邮兮，亦夫子之故也。历九州而相其君兮，何必怀此都也？凤皇翔于千仞兮，览德辉而下之；见细德之险征兮，遥增击而去之。彼寻常之污渎兮，岂容吞舟之鱼！横江湖之鳣鲸兮，固将制于蝼蚁。

“自引而远去”“潜以自珍”“远浊世而自臧”都显示出一种文人的倔强。而到了长沙三年之后，我们从《鹏鸟赋》中的“其生兮若浮，其死兮若休？澹乎若深渊之静，泛乎若不系之舟”里，看到的是文人脆弱的自信心在现实中几乎消磨殆尽，仅存的一点火焰在被文帝重新赏识担任梁王太傅时或许重新点燃了一些，不过这些都因为命运的捉弄而归于虚无，贾谊的郁郁而终有着其难以为人尽道的心灵悲苦。

司马迁的性格转变，突出表现在两篇书信之中。

少年时期的司马迁，不但博览群书，广泛受业，且壮游远行，成为“读万卷书，行万里路”的典范：

> 迁生龙门，耕牧河山之阳。年十岁则诵古文。二十而南游江淮，上会稽，探禹穴，窥九疑，浮沅湘。北涉汶泗，讲业齐鲁之都，观夫子遗风，乡射邹峄；陀困蕃、薛、彭城，过梁楚以归。于是迁仕为郎中，奉

使西征巴蜀以南，略邛、筰、昆明，还报命。(《汉书·司马迁传》)

广博的见闻开拓了司马迁的视野，也展现了司马迁志在天下的少年意气，等到司马迁继为太史令的时候，也正当富有活力、大有可为的壮年。太史令也是一个清要的官职，满腔热血的司马迁开始写信劝他的朋友出仕：

迁闻君子所贵乎道者三：太上立德，其次立功，其次立言。伏惟伯陵材能绝人，高尚其志。以善厥身，冰清玉洁。不以细行荷累其名，固已贵矣，然未尽太上之所繇也，愿先生少致意焉。(《全汉文》卷二十六)

对“三不朽”的汲汲追求，言辞间是对文人追求自我价值的高远梦想的肯定，大汉盛世带来的强烈的民族自信心也感染了司马迁、贾谊这些人，他们怀着建立不朽功业的梦想踏进了仕途，显示出文人性格中刚强自信的一面。

然而司马迁同贾谊一样，并没有能够长久地保持这种自信。李陵之祸让他终于切身地感受到了专制君主的淫威，很难想见司马迁在蚕室中哀号抽搐时内心的痛苦有多么深重。更为讽刺的是，受刑之后的司马迁再次被武帝启用为更加重要的官职——中书令，让一个被羞辱过的人整天陪侍在仇人面前而无可奈何，这对司马迁的刺激更是无以复加。这时候他再为友人回信时的口气与之前大相径庭，呈现出一个身体和心灵遭受双重痛苦的文人的压抑和愤懑：

少卿足下：曩者辱赐书，教以慎于接物，推贤进士为务，意气勤勤恳恳，若望仆不相师用，而流俗人之言。仆非敢如是也。……请略陈固陋。阙然不报，幸勿过。

……仆之先人非有剖符丹书之功，文史星历近乎卜祝之间，固主上所戏弄，倡优畜之，流俗之所轻也。……

且负下未易居，下流多谤议。仆以口语遇遭此祸，重为乡党戮笑，污辱先人，亦何面目复上父母之丘墓乎？虽累百世，垢弥甚耳！是以肠一日而九回，居则忽忽若有所亡，出则不知所如往。每念斯耻，汗未尝不发背沾衣也。身直为闺阁之臣，宁得自引深臧于岩穴邪！故且从俗浮湛，与时俯仰，以通其狂惑。今少卿乃教以推贤进士，无乃与仆之私指谬乎？今虽欲自雕瑑，曼辞以自解，无益，于俗不信，只取辱耳。要之死日，然后是非乃定。(《汉书·司马迁传》)

从“愿先生少致意”的劝进到“与仆之私心刺谬”；从“立德、立功、立言”到“主上所戏弄”，一个是将曾经满心期待的仕途视为畏途，一个则明明白白地认识到了大一统时代文人由曾经掌握时代脉搏的崇高地位沦落为受皇帝戏弄的伶人戏子式的人物，这是司马迁的宿命，也是那个时代文人的宿命。

在由得意到失意的人生经历中，贾谊和司马迁非常相似，但二人最终的精神选择大相径庭。相比于贾谊的郁郁而终，司马迁为著史而隐忍地生活了下来，凭借着彪炳千秋的鸿篇巨制《史记》站在了历史的峰顶，也让其人格精神超越时空，成为中国文人的精神标杆。

春秋战国时期的士人刚毅壮烈、视死如归，从漆身吞炭的豫让、慷慨赴死的荆轲，再到自沉汨罗的屈原，士人们用自己的生命维护着这一群体的光荣和梦想。到了大一统的帝国时期，主体性受到压抑的士大夫文人很难再用在统治者眼里如蝼蚁一样的生命去证明自己的人格尊严。在这种情况下，如何重新找到证明自身价值的途径成为所有士人尤其是文人共同面对的问题，他们之中有的如挚峻一样归隐，重新拾起逍遥自守、洁身自好的生活方式；有的如司马相如、晁错等人积极入仕，成为一统帝国机器上的一颗螺丝。

而司马迁则用自己的实际行动，从儒家的“天行健，君子以自强不息”、屈原的高洁独立以及悠久的史官传统尤其是“孔子厄而作《春秋》”的历史积淀里，重新发掘出了文人在新的历史条件下的主体性选择。他证明了文人可以在专制统治的现实困厄中保有自己的生命，把更多的光热放入追求立言的不朽生命之中。自此之后，虽是大一统体制内的御用文人，他们仍然可以凭借著史和立言登上历史的高台，用自己的崇高人格凌驾于专制君主之上，“屈平辞赋悬日月，楚王台榭空山丘”的精神追求成为震动历史琴弦的激越乐章——他铸造了专制时代中国文人的基本人格精神。

三、余论

中国士人在经历了春秋的萌芽时期和战国时期百家争鸣的大分化之后，走进了理想中天下统一的王朝。士人在这时开始逐渐被吸附到大一统国家机器的运转之中，由保有独立人格、自由思想的士人向受过良好文化教育的、具有固定官职和俸禄的文人士大夫转变。在这一转变的过程之中，他们第一次由曾经“一怒而天下危，一息而天下安”的崇高地位跌落到专制统治的深渊，从此开始了漫长的御用文人时期。在尚未完成文学自觉的汉代，这一群体的文学侍从身份十分突出，而去古未远的他们的内心落差也可想而知。在这种时刻，贾谊的牺牲证明了新时代政治的残酷，而经受更为残酷的迫害的司马迁在新的条件下，为文人在残酷的政治之外开拓了追求精神不朽和历史价值的新途径，同时也为后来的文学自觉奠定了基础。司马迁影响了整个中华民族的民族性格，堪称一代文化伟人。

（作者单位：山东大学尼山学堂）

爱国考古学家吴金鼎

——从几封书信谈起

刘承军

书信是一种两人或多人之间因距离、情景等原因传达信息、陈述意见和交流感情的文字往来方式。书信作为相对隐私的沟通渠道，作者不用避讳敏感或违禁的人和事，因而更能真实地反映写信者对人生、社会和国家的情感态度。台北中央研究院历史语言研究所傅斯年图书馆藏有著名考古学家吴金鼎与师友往还的未刊书信200多件，他们通过书信探讨各种事宜，小到学习和生活，大到国家民族大业，为研究吴氏的情感生活提供了宝贵的材料。

国难当头，忍痛辞职

1944年，中国的全面抗战已进入第七个年头，此时战局紧张，物资紧缺，国民政府选择了超发货币以保障军事供给，导致大后方货币日益贬值，中央研究院的研究人员工资入不敷出，生活非常窘迫。在重庆的傅斯年给四川李庄的同事董作宾和梁思永写信，因严重的通货膨胀，听说梁思成和林徽因“整天在算豆腐价钱”。（傅斯年图书馆藏史语所档案：补16-4-2）

战争的残酷和折磨使当时的知识分子备受煎熬，面对如此困顿的局面，幸赖中央研究院历史语言研究所所长傅斯年的惨淡经营，研究所仍艰难地维持着研究工作，为读书人保留了一张安静的书桌。但中国第一个在西方获得考古学博士学位，在英国得到多年训练和学术熏陶，已成为中国为数不多的第一流考古学家的吴金鼎，正打算辞去历史语言研究所的工作，放弃自己热爱的考古事业。

作为前途无量的考古专家，吴金鼎原本不必投身于战争，但是内心对国家和民族命运忍不住的关怀，使其面临一种难以割舍的纠结、矛盾心情。正如考古学家尹达所写："国亡家灭的悲剧眼看就在我们的面前排演，同时我们正是一幕悲剧的演员！我们不忍心就这样的让国家亡掉，让故乡的父老化作亡国的奴隶；内在的矛盾一天一天的加重，真不能够再埋头写下去了！我爱好考古，醉心考古，如果有半点可能，也不愿意舍弃这相伴七年的老友！但是我更爱国家，更爱世世代代所居住的故乡，我不能够坐视不救！我明知道自己的力量有限，明知道这是一件冒险历危的工作，但是却不能使我有丝毫的恐怖和畏惧！"（张光直《二十世纪后半的中国考古学》，《古今论衡》1998年第1期）

七年前的考古兄弟尹达毅然决然地选择了奔赴延安，参加抗战。而现在，日本侵略军的狂暴更加厉害了，吴金鼎内心的矛盾燃烧着愤怒的火焰，使其不能安心做纯粹的研究工作。他最终也未能按捺住自己的爱国热忱，放下心爱的学术事业，服务于抗战。傅斯年因爱惜人才，屡次劝吴金鼎不要辞职。吴金鼎在回复傅斯年的信中写道：

孟真先生赐鉴：

手教敬悉承示。所中经费情形，鼎深能体会。数年来深感经济压迫。近月间蓉市物价远非昔比，最便宜之伙食非千五百元莫办。自去年终，琴台经费告罄，鼎自理炊事，备尝米珠薪桂之苦，幸喜琴台报告已有眉目，聊足自慰耳。近中亚东战局渐入佳境，然国内经济状况已达严重阶段。此中一切早在先生洞鉴，勿待喋喋。忆当年多蒙大力提携，得留学英国，费国帑巨万。归国后承济之先生（李济）赐予机会，参加田野工作，身受国恩及师长教诲，刻骨铭心，义在必报。当前国家情形至如此地步，而两先生所处境地又如此窘苦，鼎扪心自问，不忍偷安。幸贱躯顽健，牵挂尚少，再三思考，现已决意投身军委会战地服务团，以申素

愿，□寓一大义所在，凉先生必能见允。至于鼎经手事务，结束办法另函济之先生商筹之，请勿念。此颂

著安

后学　吴金鼎　拜

（一九四四年）三月六日

（史语所档案：李14-22-1）

抗战爆发后，历史语言研究所由南京先迁往长沙，二迁昆明，但到了1940年，昆明也遭到日军飞机的轰炸。傅斯年决定把研究所“迁到一个在地图上找不到的地方，免得敌机再来骚扰”（《傅斯年》），最终三迁至四川省南溪县李庄镇板栗坳的张家大院。此地虽偏僻，然物产丰富，本来生活成本极低，但抗战后期物价飞涨，币值日落，通货膨胀严重，李庄也受到了影响，即使研究所一再追加预算，研究人员靠薪俸生活依然非常艰苦。

身为所长的傅斯年看到同事们的困窘状况，想尽各种办法减轻同仁的负担，如不断向中央研究院及当地政府申请津贴和物资，对员工予以补助。为了同仁的粮食补贴能及时发放，傅斯年甚至低声下气地向当地公署专员王梦熊写信求助，“请您不要忘记我们在李庄山坳里尚有一批以研究为职业的朋友们，期待着食米”（那廉君《追忆傅孟真先生的几件事》，《传记文学》1969年第14卷第6期）。

此时的吴金鼎正坚持在成都撰写抚琴台发掘报告，但四川省政府提供的经费已“告罄”多日，他本该重返研究所，然而看到“所中经费情形”，体念所长的难处，面对日本侵略者的欺侮和侵夺，“身受国恩及师长教诲，刻骨铭心，义在必报”的他，越发“不忍偷安”，坐看国家处在危难之中。这是在灵魂和情感上所不能承受的，他最终下定决心投笔从戎。吴金鼎爱国情怀的滋生，与其成长的经历密切相关。

清华国学院，确定一生志业

吴金鼎，字禹铭，1901年生于山东安丘。幼年家贫，父母无力供其上学，

最终由外祖母支持得以就学，所谓穷人家的孩子早当家，吴金鼎知道机会难得，因而学习努力，勤奋刻苦，1919年考入齐鲁大学历史政治学系。吴金鼎虽在齐鲁大学接受了四年高等教育，但此时似乎还没确定终身从事的职业。

1926年，吴金鼎考入清华学校国学研究院，随李济攻读人类学专业。吴金鼎受导师的影响，确定了毕生从事考古的志向。吴氏回忆："当李济博士在夏县史前遗址进行发掘时，我就读于清华大学国学研究院。李济博士将其发掘所得的遗物带回大学。从典型器物的展览以至李济博士及袁复礼教授在茶话会中关于发掘工作的演说都十分生动有趣，使我也不自觉地想象有一天能够发现一个遗址，研究它；发掘它；并撰写它的历史。"（Wu G. D, *Prehistoric Pottery in China*，转引自林锦源、陈淑玲《吴金鼎在中国史前考古学上的贡献》，《考古与文物》2003年第3期）

吴金鼎没有写出毕业论文，未能取得毕业证书，因为在清华并没有机会从事考古发掘，戴家祥说："当时找不到一个考古发掘的现场。"但在清华的一年，他还是接受了科学的学术训练，学到了严谨的治学方法，为其学术成长和发展奠定了基础。清华重视外语的学习，这一点影响到吴金鼎，戴家祥说吴氏"整天拿着本巨型的外文书"，陈寅恪称赞吴金鼎"英文好极了"。（《李济与清华》）吴金鼎无法参加考古实践，他就跟随李济学习体质人类学的研究方法，以山东人体质作为研究课题，并与全国人的体质作比较，从而找出山东人异于他省的原因，这就迈出了他学术研究的第一步。

吴氏在其首部著作《山东人体质之研究》的引言中说："民国十六年（1927年）春，作者肄业于清华大学研究院，蒙李济先生授以人体测验之方法。同时且就地实习以资熟练。更蒙助教王以中先生之助，约于一月期间共量清华学生六十八人。此作者对于人体测验工作之第一次尝试也。既而清华放假整装回籍，济之先生慨允以仪器借予，俾得带回山东作长期测验，以完我未成之工作，所期望者尚远且大也。归鲁后任教齐鲁大学，逐日疲于校课，几无余暇得作课外之研究。所幸于学期内尚有长短若干假期，稍得从事工作。计自十六年秋迄十八年冬，共量二百九十一人。适济之先生以书来，询及所获成绩，于是乃取所有资料，核算之整理之草成《山东人体质之特质》一文，邮示先生，极蒙嘉许。十九年春来本所考古组，承先生命，取原稿重新计算之，乃成本篇。"

找寻中国文化的源头

1927年吴金鼎离开清华，因为“山东跟其他中国北方省份一样，有相当丰富的古代遗迹”，他决定返回母校齐鲁大学任教，希望有机会在母校从事考古工作。教课之余，吴氏对济南以东的平陵和城子崖进行了6次调查，发现了以黑陶为代表的龙山文化遗存，更坚定了他专攻中国新石器文化的路向。

吴金鼎在《平陵访古记》中解释了他坚定人生志向的原因：“余始确切认定此遗址（即城子崖），包含层中所蕴蓄之重大意义。而余之兴味自此不知不觉亦为之转移，平陵研究之热忱渐趋冷淡。嗣后所读参考书多关于新石器时代之文化。余暇所思念者，亦多为石器时代人之生活状况。盖余已认明此龙山遗址，确为新石器时代之一村落。一部古代史迹深藏黄土垄中。嗣后余将牺牲所有余暇，尽吾全力以求此遗址之了解。”平陵探古成为他踏足田野考古的起点。

1930年时的齐鲁大学并不具备考古发掘的条件，吴金鼎就把发现遗址的消息告诉了导师李济。此时的李济已是历史语言研究所考古组的主任，其在河南安阳殷墟的发掘正陷入困难而无法进行，“适值吴金鼎在山东考古调查叠有发现，历史语言研究所组织的田野工作队的活动，在这一年，也就由河南移到山东去了”（《城子崖》），于是，具有重大意义的城子崖龙山文化遗址呈现在了世人面前。吴金鼎凭借其丰富的考古知识，“成为发现龙山文化的第一人”（《新学术之路》）。

吴金鼎确定一生的志向，即专攻中国新石器文化研究的原因，是为中国文化找寻源头。原来，20世纪20年代瑞典学者安特生（J. G. Andersson）以他在中国的考古发掘和研究成果，提出了中国彩陶文化由西方向东逐渐传播而来的假说，其以考古证据支持了西方学者提出的“中国文化西来说”。“中国文化西来说”深深地刺痛了中国的爱国知识分子，知识界如何在事实上给以分析和批驳，城子崖的发现无疑为中国学者反对“中国文化西来说”提供了有力的证据，激励了中国学者进一步探求中国文化起源的信心。李济说：“有了城子崖的发现，我们不仅替殷墟文化的来源找到了老家，对于中国黎明期

文化的认识我们也得到一个新阶段。”(《城子崖》)

这一年，吴金鼎由李济介绍转入历史语言研究所，他多次参加研究所在山东、河南等地的考古调查和发掘工作。吴金鼎的视野宽广博大，他要以世界的眼光来关照中国文化的发展，并探讨两者之间的互动关系，因而吴氏决定出国留学，去国外学习先进的考古学知识和技能，以便为中国文化寻找到源头。最终，在傅斯年和山东教育厅厅长何思源的帮助下，吴金鼎由山东省公派赴英留学。

1933年，吴金鼎入伦敦大学随叶兹教授(Prof. W. P. Yetts)专攻考古学。吴金鼎在伦敦的学习紧张而有序，他显然不赞成留学生耽于享乐和浪费青春最终学业无成的现象。吴氏作为成长于祖国危难时期的爱国青年，远渡重洋寻求学术强国之路，身处异国而时刻思考国家的强盛之策，将个人的学业命运与国家的盛衰紧密相连，他在致研究所考古组同仁李光宇(字启生)、王湘(字子湘)的信中表现出了深厚的爱国之情。

启生、子湘两兄:

启生要我买的那本书并没有忘了，因为旧书店须自己寻找，这日来太忙，到书店十几分钟即走，故而未找到，谅之。

这两月来所受刺激实在不少。在表面上看英人不十分轻看中国人。凡印度、日本和我们都被称为东方人而已，但若精细的看来，却大有不同。印度学生在此可分两派：一、念书的，自知为印度人努力向前，此居少数；二、忘了自己是印度人，有时竟自称为英国人，以做官为目的，此居多数。这种人回国时不带去英国的学术，而往往带去一位英国太太。日本学生来此地多注重特殊之训练，生活颇阔绰。故中国人之矮小如弟，此未必即被看为日本，盖衣服不类也。我们中国学生便难说了，所幸大部分是好的，但确有小部分不知何为而来，所学科目在船上才决定，下船又改了，进了学校或在校外，找到一两位女友，以后的功课便是跳舞，闲玩，奉承女友了，这派人有的像印度学生一样，不带回英国学问而带回英国太太，有的可怜虫欲带而不能！好在这班人估(计)极少数，我们不必多说了。

要我们中国的学术得与西洋抗衡，老生常谈的“急起直追”是一定失败的，因为我们离人家太远，而且追得速度又不会出奇的快，哪能追的上呢？惟一的方法只有“迎头截击”，如孙先生所云，念他们最新的书，学他们最新的方法，接受他们最新的作事的精神。

这不过是我们闲谈罢了，像我们天朝那班大人先生们，几千年来因袭的“我行我素，不闻不问”的态度，怎能使他们容纳一点新东西呢？这又近乎牢骚了，其实我们是平心静气的闲谈而已。

国内考古新闻仰时见教为盼。此祝

大安

弟吴金鼎

（一九三三）十一月二十一日

（史语所档案：考4-3-34）

吴金鼎认真完成所有的理论课程，参加英国各地的田野考古工作，参观博物馆，拜访考古学、民族学和历史学等专门学者，还争取机会跟随英国的埃及考古学泰斗彼待里教授（Prof. E. W. Petrie）到巴勒斯坦参加发掘实践。彼待里教授向夏鼐称赞吴氏：“吴先生确是一位田野工作的好手。虽不英锐机警，但沉着谨慎，工作罕匹。”（《夏鼐文集》）现场的阿拉伯工人也竖起大拇指夸奖吴氏“夸依思”（Kwaiyis，中文即“很好”）。

吴金鼎经过系统的学习和实践，已经掌握了当时世界先进的考古学技术、理论与田野工作方法。然而，萦绕在他心中的问题仍然是“中国文化的起源，以及中国与西方在古代的关系”。吴金鼎致函董作宾：“去年寄济之先生函中，曾批评安特生派关于彩陶的理论之不健全。近又得新证据足见该派立论有数种基本的错误。弟素非立异多高，□□对于安君在我国考古学之贡献极表钦敬，所不敢苟同者，乃其不健全之方法以及由此方法而产生的似是而非之理论而已。”（史语所档案：考12-5-24）

吴氏的确不是为了立异，而是其心中蕴积的民族主义情绪使其从未忘记寻找新的证据来驳斥安特生的“中国文化西来说”。身在异国的吴金鼎，受到各种新思想、新文化和新事物的冲击，文化的碰撞更容易激发其内心的爱国之情，只不过爱国情结没有仅仅表现为情绪化，而是以学术研究作了相当严谨有力的表达。

如何反驳并建立中国自己的史前文化年代顺序表？吴金鼎选择了从陶器的分析入手，他翻遍了所有已出版的关于中国史前陶器的书籍，整理观摩了几万片已出土的陶片实物，在伦敦中央高等工业学校亲自体验原始制作陶器的方法，最终用英文写成了其博士论文《中国史前陶器》，并于次年获得伦敦大学出版基金等资助，在伦敦出版成书。因为收入的材料丰富，这部书成为当时关于中国史前陶器的最为详尽的著作，至今仍为研究中国史前陶器的重要参考书。陈星灿认为："吴金鼎通过对陶器的分析，把甘肃史前文化远远置于河南仰韶文化之后，这种做法也间接地否定了（安特生）仰韶文化西来的假说。"〔《中国史前考古学史研究（1895—1949）》〕

书生报国，开创西南考古

吴金鼎原计划三年学成回国，为国家服务，但因学业未完成，他只得通过傅斯年向教育部和山东省教育厅打报告，请求延长留学一年。获准后，他更是刻苦钻研，终获伦敦大学考古学博士学位。1938年，吴金鼎毅然启程返国，先被李济安排在中央博物馆筹备处，后受傅斯年邀请，重回历史语言研究所工作。

时值日军大举入侵，田野发掘极度萎缩，考古队伍遭到严重摧残，中国考古学面临极为艰难的局面。吴金鼎的归来充实了中国考古队伍，带来了新的研究方法，更新了团队的知识结构，担负起了领导西南地区田野调查和发掘的重任，成为历史语言研究所年轻一代的学术中坚。

吴金鼎在困难万分、居无定所中仍坚持做田野工作。1938年11月至1940年6月，他在云南大理和洱海境内做考古工作，发现遗址38处，主持发掘7处遗址，写成一部《云南洱海境考古报告》，奠定了西南史前考古学的基础。参加发掘的有吴金鼎的夫人王介忱女士和留学英国的曾昭燏小姐，在吴金鼎的主持下，他们的此次发掘开了一个先河，即率领"女性考古"。原来"指挥发掘的为曾、王二位女士，发掘的工人都是女性，因为在这个地区，没有男人下田做工的，所以造成了在考古史上这个新的记录”(《新学术之路》)。

1941年春至1942年冬，吴金鼎率领川康古迹考察团在川康境内进行考古调查，在四川彭川主持发掘了汉代崖墓。此时抗战正殷，经费困难，历史语言研究所的考古进入最艰难的时期。吴金鼎“提倡节约，以身作则，不但早晨吃包谷面做的粗馍馍，还要轮流推磨包谷面。发掘蛮子洞，有时找不到工人，便几个人亲自动手”(《夏鼐文集》)。1943年，他又主持了成都抚琴台王建墓的发掘，成果丰富。该墓的发现对于历史时期唐末五代王陵建筑和艺术史的认识有重要贡献。

吴金鼎作为中国考古学年轻一代的领导人，因为平易近人而深受队员爱戴；因为崇高的人格境界，得到同仁的高度评价：“吴先生待人接物，总是那样春风满面，一团和气。至少我还没有亲眼看到过他红着脸和人家争吵过。吴先生的艰苦耐劳，令人钦佩，虽然有时似乎过于刻苦，或不必要的自苦，然在自私享乐的今日，有几个这样的好人。吴先生以忠厚对人，有时令人觉得太过于忠厚了。吴先生不喜欢宣传，憎恶夸张，所以除了熟人和同行以外，知道他的人恐并不多。”(《夏鼐文集》)

投笔从戎，加入战地服务团

琴台发掘工作结束后，吴金鼎在成都整理报告，但家国的不幸遭遇使“忠厚”的他寝食难安，无心继续从事自己喜爱的工作。他给夏鼐写信说：“国内经济状况已达严重阶段，上月底连接傅(斯年)、李(济)诸公来函，言所中经费情形及同人苦况。又接到家书，知山东连年歉收，民不堪命。而成都物价日夜飞腾，米珠薪桂身受其痛。国事、家事、天下事，多方交迫，弟处境之艰难与日俱增。此中一切，谅兄不难想象。弟素视考古事业为第二生命，然局面至此，又雅不欲续请川康考古经费，以增加傅、李二公之困难。”(史语所档案：李14-22-2)

吴金鼎向朋友倾诉衷肠解释离职原因，在国破民穷的情形下，强烈的家国情怀和责任感，促使他“再三思维，乃认清素日志愿，在今天情势下暂难实现，必待抗战胜利，一切有办法。故为现实自身之期望，为考古事业之将来，为个人身心之寄托，遂决意参加抗战。精卫衔石，唯恐徒劳，然每忆及佛家所云燕羽蘸水以息野火之故事，则不能自已矣”（史语所档案：李14-22-2）。

吴金鼎向所长辞职，傅斯年请他“虑及此日国家之艰难”，勉励其“为学术界存亡继绝之事业中，尽一分力”（史语所档案：李14-22-3），希望他不要辞职。但他决心投笔从戎，最终加入军事委员会战地服务团，先在四川新津，后又转到双流彭家场办理盟军招待所，为美国空军在华对日作战提供后勤保障。傅斯年没有允许吴金鼎辞职，只给吴氏五个月假，但战局仍没结束，吴氏不得不再三请假。吴金鼎在繁忙工作之余，仍然不忘读书和研究，他向傅斯年汇报“军中生活颇异，希暂习而可以适应，琴台报告已完大半，每日仍能抽暇读书，引以为荣”（史语所档案：李14-22-7）。

回报母校，熔铸师魂

1945年8月，抗战取得胜利，吴金鼎解除军职，本拟回历史语言研究所继续他热爱的考古工作，但母校齐鲁大学向他发出邀请，请其协助学校复员之事。吴金鼎又一次向傅斯年请假：“函达胜利消息传来，实可喜可贺，现已呈请上峰乞脱军籍，谅可邀准，惟以母校齐鲁大学年来迭经风波，拟趁机略尽绵薄，谨此请求准予解除技正职务，等半年或一年后，再听命从事田野考古。”（史语所档案：李14-22-13）

吴金鼎帮助齐鲁大学复员后，因为责任心重，并没有返回历史语言研究所，而是在济南继续襄助办理母校，在校内曾任历史学教授、文学院院长、国学研究所主任，兼任校长室西文秘书、训导长、图书馆主任等职。他的工作烦琐而忙碌，其向夏鼐诉苦：“到济后即如加轭之牛，除饮食外，几无余暇。”（《夏鼐文集》）吴氏担负的各项工作均有出色表现，为齐鲁大学贡献良多。

吴金鼎担任文学院院长期间，增加师资，聘名教授兼课，重视教学，“对于提高各系学科程度，均有显著进步，英文学科更为重视”。“兼任训导长一职，事务最为繁忙”，但他仍然抽出时间做一点研究工作，研究的题目是“成都盆地之古迹”。他带领学生在济南附近做史前遗址调查，由山东新报社出版新著《山东人与山东》，并亲自编写讲义，讲授田野考古学，培养考古人才。他为齐鲁大学的教育学术事业已是“鞠躬尽瘁”了。（山东省档案馆藏私立齐鲁大学档案：j109-03-011）

他还是非常怀念在历史语言研究所做的纯粹的考古研究工作，因而向夏鼐写信：“自胜利以来，弟无时不在梦想着田野工作。俟一切安定，弟必及早返所陪诸兄再晒太阳也。”（《夏鼐文集》）只可惜吴金鼎再也没有这样的机会。因劳累过度患癌，怀着对家国的无限热爱和未能继续从事考古事业的无限怅惘，吴金鼎于1948年9月20日在齐鲁大学辞世，终年48岁。

夏鼐得到吴金鼎逝世的消息，写下了一段沉痛的文字：“今天得到了吴禹铭（金鼎）先生的死讯，不仅是我们朋侪间觉得丧失了一个不可多得的良友，并且也是中国考古学界的一个大损失。今日中国考古学界中，真正能够吃苦，肯下田野去做发掘工作，既有丰富的田野经验，又有充分的考古学识的学者，不过十来人。正感觉到人材的缺乏，现在呢，在这十来位中又弱了一人！”（《夏鼐文集》）

纵观吴金鼎短暂的一生，在大有可为的年龄而被病魔攫去生命，未能尽展其才，留下了无尽的遗憾，但他艰苦耐劳，谦虚低调，待人忠厚，爱国爱家，蔚然一代学人。他高尚的人格永远留在了后人的心里，他在中国考古学的功绩永远被人铭记！

本文系教育部人文社科基金青年项目“中央研究院历史语言研究所的制度建设研究（1928—1949）”的阶段性成果，项目编号：16YJC770017。

（作者单位：山东师范大学马克思主义学院）

纪念鲍思陶师

刘晓艺

我们八八级中文系同学如今称“鲍老”者，当年其实只是一位三十多岁的青年教师。我们那届学生亲炙老先生们的机会不多，由于“文革”的十年断档，带我们的老师多为恢复高考后入大学的七七、七八、七九级学生，鲍思陶先生就来自本校的七八级中文系。他应是八二年本科毕业后即考取了老殷先生殷孟伦的研究生，八五年毕业，留校后开始上讲台。在教到我们的时候，他的教龄也才不过三四年而已，八八级很可能是他教过的第二个整班。近十几年来，我与同学们每谈到鲍老师的时候，总是称他为“鲍老”，在这篇小文中，我就延续这个习惯吧。——称某老是我们认可某位老师的学问或威望的一种语言表达，并不是所有的老师都会在一定的年纪自动被我们升格为某老的。

大二那年，我们的必修课里添了一门古代汉语。上课的教室在公教楼105，课程安排在早晨，印象中总是有阳光从左侧的明窗照入，习习的晨风拂掀着古代汉语课本的浅绿色书皮。鲍老身量不高，圆脸，戴副眼镜，眼睛明亮有神，一口安徽“普通话”，中气充足。这门课的内容，我们本来的预期是枯燥无味的，但实际上课堂上常常欢声笑语不断。鲍老既有学者的谨严，也有顽童心，他常以逗笑我们这班小破孩儿为乐。有次他讲到相同读音形诸文字后可具强烈的意义反差，举了语言学家小殷先生的名字为例：他先是在黑板上写下“殷焕先”三个字，让我们细细体味这名字中“昭明祖德”的堂皇奥义，接着他又慢悠悠地写下“阴幻仙”三个字，让我们体察一下“看到此名是否脑后会生出森森凉气”——班上登时笑倒一片。据我的室友方希回忆，有次讲启功的诗，鲍老用了一句“扎破皮臀打气枪”的形容，也不知是他的原创还是有所本，方希评道：“虽然说的是俗事，用字也并不雅，但俏皮可爱，且符合诗律。”

我班亦有文史见长的男生，有时会拿些刁钻的问题，半考半问地在课堂上丢出来，鲍老总能从容解答，从未有一次被考倒过。他那般渊识，身上却并无令学生感到必须程门立雪的威严气场，可我仍没有在课下单独向他请教问题的勇气。这样过了大约半年，有一次他在课上问大家，写尺牍应该以何语敬称，同学中有答“道席”“阁下”“文几”者，鲍老皆曰可，然后又问道，致女性尺牍应该以何语敬称，班中无人能答，肃静久之，我惴惴着小声答道：“妆次。”鲍老笑颔之，着实夸奖了我几句。那次大概就是我们师生结缘之始。

其时，我正留意阅读袁枚的《小仓山房尺牍》，了解“妆次”这种初阶词汇自不意外。忘记是什么缘故开始的了，我写信向鲍老请教一个问题，得他以八行书回复。他的信，就写在山东大学的标准格子稿纸上，秀逸的钢笔字完全是书法的底子出来的，对撇捺的处理尤清隽，未打草稿，一气呵成，少数字句有涂改的痕迹，然其词华句丽，令人掩尺素而瞻慕敬想。有关书体的写作要旨，鲍老后来要我读《文心雕龙·书记》，读到“详总书体，本在尽言，所以散郁陶，托风采；故宜条畅以任气，优柔以怿怀；文明从容，亦心声之献酬也”，我从而悟到：书信既应具殷勤酬献之美，同时也要尽言己心，并不应一味作仰承之语。然悟则虽有是悟，我后来写作尺牍时还是常有辞不对心之感，未能在礼貌与述志间左右逢源，每至此际，总想起先师的教训，懊恼没有学到他的功夫于万一。

鲍老是老殷先生晚年所收的得意弟子，老殷先生又是黄（侃）门高弟。他不是未曾从游于章（太炎）氏，然而用刘晓东师伯的话来说，“殷先生曾经直接向太炎先生问学，但是他不是太炎先生的学生，他是黄季刚先生的学生，辈分在这儿”。辈分是山大章黄学派不能逾越或曰不肯逾越的一条线。我们不禁要问：这条线后的情感机理是什么呢？窃以为它是“不忝门墙”的一种志气，但它首先是一种不为功利所驱的旨趣，它是认同，是服气，是归属感。

老殷先生诗词歌赋皆精通，平生最喜吟咏以肆志，他的这一爱好传自黄氏。鲍老全心全意地继承了这一师门传统。这是否与他作为文献学者和训诂学者的定位有所觳抵呢？我很难判断。我所知道的是，当他沉浸在诗歌的境界中时，他的全身心都可以进入忘我的境地。张中行记西南联大时期的刘文典，说吴宓有时潜入教室后排听刘文典的课，刘文典闭目吟着他的《庄子》，讲到得意处便抬头张目向后排望，问道："雨僧兄以为如何？"吴宓则起身立答道："高见甚是！高见甚是！"鲍老还不至于带有刘文典那种冬烘夫子气，然而他吟诵黄吴二氏诗词的那次也很近之了。

原来黄侃有首《采桑子》小词，文字很美，美到我曾惊奇为何当代音乐人如此眼瞎，竟没给它谱上曲子——因为现成就是一首流行曲。词曰："今生未必重相见，遥计他生，谁信他生？缥缈缠绵一种情。当时留恋成何济？知有飘零，毕竟飘零，便是飘零也感卿。"鲍老摇头吟毕此首，睁开眼睛，只见全班一片肃然。我们未见旧诗可以有这种吟法，全班都呆掉了。大约是想到他那位狂斐过人的师祖曾与词家吴梅一言不合大打出手，他又添吟了一首吴梅的"短柱体"散曲。词曰："横塘一望空凉。梦向莼乡，无恙渔庄。画坊琴堂，文窗书幌，俯仰羲皇，话论浪龙冈门巷。卧沧江元亮柴桑，绛帐笙簧，金榜文章，怎样思量，一晌都忘。"我后来在美国教书时，有时需向老外学生解释中国诗词的韵律模式（intonation pattern），就拿这首做例子。这首"短柱体"两字一韵，句长处则得三韵，最易见唱叹之妙。鲍老当时吟得确实也是如痴如醉。时光若倒流回去，我多么希望我们教室门边也坐着一位"雨僧兄"，能在先师唱毕之际，长叹一句："高吟甚妙！高吟甚妙！"

鲍老周边原有郑训佐师、倪志云先生等诗词作手，他们的酬酢已多见属缀。然更唱迭和之乐，正是唯恐示人以不广；鲍老津津于黄殷的师弟相得，而尤强调"旧诗文写作才是章黄门派的传统"，于是我这名小弟子也加入了"叔兮伯兮，倡予和女"的潮流。当时稚笔，多已无存，唯鲍老对我的覆答之作，虽经多年辗转流离，仍于私箧敬盛。后来我在《得一斋诗钞》中见到"赠刘生""和刘生"诗八九首，就是当年的遗存。有首"次韵覆刘生"，其期许之高，正可谓"辞动情端，志交衿曲"，尤令我且愧且感：

牢落无妨地有涯，生平怀抱几曾开。萤囊空映门前雪，书带犹留阶上苔。

掩卷常思袖手去，临渊却羡获鱼回。相逢莫厌弹流水，独愧陈王七步才。

大三末期，鲍老时主持“中国名胜诗联精鉴”项目，分了六十多个条目给我做，都是一些风景地的诗歌或楹联，我所需要做的，无非说明一下作者、名胜的背景，若有故典则稍作文义上的诠释。这个工作若放在资料一索而得的今日，原不是难事，然那时的我，训练既少，资料又乏，有时被几个细节卡住，就进行不下去了，不免跑去时住山大南院教职工宿舍的鲍老家请教。记得那时他住着一处窄仄的一室一厅，一个小客厅简直连张沙发都放不下；公子才两三岁，家中除师母外，还有岳母来帮忙照看小孩。除我打扰之外，其他学生来造访的也不少，有人来问学，有人来闲谈，有人来借书找资料。治五四运动史的华裔汉学家周策纵曾作诗自嘲道：“妻娇女嫩成顽敌，室小书多乱似山。”鲍老家的情形没那么香艳而近似之。他在最应出成果的盛年，实在没有一处像样的可以读书和写作的环境；为了生计，他也不得不常常接一些学术性并不是令他很中意的项目。20世纪90年代初正是高校最清苦的时候，大批教师下海或做兼职，学生们也人心思变，不再安于书桌的清寂。我自己又何尝不是其中之一？

我想鲍老对我是有过一点寄望的，他曾给我开过一张书单，告诉我未来若打算治文献学或训诂，这些阅读不应阙失。然而我还是令他失望了。我那时年轻贪玩，即使肯苦志念书，也是读英文以备出国考试为多。以我的能力云，并不相称做他的弟子；以我的夙志云，更是偏离了他所期冀的方向。然而，他从来没有在语言或态度上责望于我。1992年，山东友谊书社出了一套儒家经典英译，其中《论语》《孟子》二书是其分量最重者；英译的基础当然是白话文的今译，而二书的今译则分别由鲍老与郑训佐师承担。书成，鲍老赠我二册，说对我学英文可能会有些用处。我二十多年来不管搬多少次家，二书一直都带在身边，后来写英文论文时，凡引用《论语》处，我往往置刘殿爵、理雅各的本子不用而采有鲍老今译的这一本——其实英译已经与他无关了。也许是感情作用，我始终觉得友谊书社的这套书可以抗颜儒学经典翻译史上的名章部头。我教翻译研究时，也会将此书与刘、理的本子共举向学生推荐。鲍老的《论语》今译精整通畅，自不必说，书前有一篇长序，备述孔子的生平与思想之余，又加入带有个人色彩的点评，实在是写得很出色。

大学毕业后我进入当地一家报社做事，编着一版小副刊。鲍老与我音问渐疏。究其原因，一方面是那时的我偏离了学术的航道，另一方面，他也因家庭经济之故离开了山大，进入出版社工作。我供事的副刊一度曾辟旧诗园地，我为此而向他征稿，原信已不存了，想必写时曾花了些心思缀葺文辞。讯尺虽短，却令鲍老欣悦不已。如今捧读他的回函，我方能理解他当时的心情是多么落寞。回函如下：

琅缄欣悉，欢忭何似！其意丰辞约，语隽味长处，亦足以快慰平生矣。前波后浪，三日辞归，其谁曰不宜？古人以文章为经国之大业，歌诗作天地之正音，何其谬哉！当今之世，崇才捷足，各立要津；傥论宏规，时萦耳际。仆志固寝鄙，才益卑歉，不合于时，自蹈曳尾，又欲营巢苕草，强栖一枝，舍鳣堂而就坊肆，私衷愧恧，夫复何言？谬承锦注，实难克当！是才命未妨而愈窘愈迫，窘则忿，迫则怒，不顾轻躁，发为里唱，用写离忧，或怨穷嗟蹙，或顾曲迷花，寄怀殊浅，气格尤卑，于纲纪民生，固无一取焉。然发于心，形于色，着于辞，扪而自问，尚无违心之论，差可自安，非敢侈言好古。后世有好事者，得之于粪壁废瓿之间，偶一诵读，即致喷饭，私衷亦足矣！俗语云：酒逢知己饮，诗向会人吟。待誊钞事毕，自当寄诒，月旦之责，深望于知我者。

倪子志云，仆之诤友。以耿介拔俗之标，好古博雅之想，怀文抱质，渊然精勤，非一日也。棣若存心下问，定有获益。兹以电话见告：5957216，把管临风，未罄所言。专此奉复，晓艺贤棣。

思陶顿首

1996年3月30日

1996年正是纸媒的黄金时代，我们那份小报发行量居然达四十万份，虽是豆腐块大的一块园地，却是“满郭人争江上望”。旧诗栏目不能多得鲍老或倪先生那样的优秀作者，投稿者却多如过江之鲫。也有一种不堪一看的“老干部体”稿件，我本摒挡在外，没过多久，竟会辗转托上层关系再压回到我手上；这种稿件逐渐多起来，我未能绥靖其势，于是怨声上流，旧诗栏目终遭裁撤。鲍老那时已将他的存稿誊钞了许多寄给我，诗尚未发出几首，幕布已经落下。我羞惭难当，不知应如何对师长交代。时过之后，我也曾去一笺致歉，鲍老反安慰我不要多虑。1996年时，唯我们那种比较“阔气”的单位方买得起微机，我已经在用微机打字了，鲍老这样的老式文人却还在一纸一笔地抄稿。我本以为能在我自己灌守的那片小园地上开启一面让世界认知他的窗子，不料劳费了他宝贵的抄写功夫而竟无所成。那时也并不兴出个人诗文集，鲍老的才华唯他少数的几位同事知赏。

我的另外一位授业恩师郑训佐先生回忆道：“鲍兄与我们一般都写旧诗，但他的倚马可待诚不可及。他只要有感，随便找张纸片就能录出来，录出来就是定稿。”鲍老与郑老同为皖籍，我过去一直以为他们是沾方言的光，我们北方人最苦恼的平仄问题，他们是没有的。然而郑老告诉我，皖人亦并非天然掌握平水韵，真正能够做到不必查韵书一挥即就，还是因为稔熟于诗律——以及才气。

鲍老拥有足以资为自豪的家世和师门。有关他的家世，我当年侍坐时倚闻无多，但对某件轶事反而印象深刻。他说起鲍家上世原由赣迁皖，曾为一位祖妣孺人两卜佳城，得地而吉，据堪舆家言，那块玄宅面湖，湖中有七枚小渚朝向一处大岛，于风水上原称“七星朝北斗”——于是在迁葬的一年之内，族中竟旺拔了七位秀才。然而此事引起当地一户人家的妒恨，遂在风水上做了某种手脚，致使那七位秀才终生都未得中举。鲍老讲述这个古老的故事给我，原作笑谈，他个人的成长经历具体如何，我那时缺乏历史的好奇心，未曾深问，但我记得他说起过，中学停课闹革命无学可上时，他曾大量阅读家中的旧藏书。从他上大学的年龄推算，“文革”期间他的求学致知之路必然曾被耽搁过。秦火燔尽旧简，然而它不能隳灭天下读书的种子，秦汉之际长达三十年的“挟书律”汉初既废，“则儒者肆然讲授，经典寖兴”（《新唐书·儒学传下·啖助传赞》）。“文革”时期的文化钳制与秦末颇为相似，在那些岁月里貌似烬灭的文化爝火，其实都暗燃在鲍老这种有机缘大量接触旧籍的“读书种子”身上，禁锢一日废去，“读书种子”们就会重燃文化中兴的炬火。我听说，他研究生毕业后，本也是有机会进入古籍所专事文献学研究的，但他终还是以杏坛为乐，遂放弃了人生的另外一种可能性。

鲍老本名鲍时祥，他因景慕陶渊明，取字“思陶”，中年后多以“桐城鲍思陶”行世。在陶渊明诸作中，他又格外属爱《闲情》一赋。

犹记大学时候讲《闲情赋》的那堂课。鲍老先引萧统的观点：“白璧微瑕者，唯在《闲情》一赋，扬雄所谓劝百而讽一者，卒无讽谏，何足摇其笔端？”“齐讴赵女之娱，八珍九鼎之食，结驷连镳之荣，侈袂执圭之贵，乐则乐矣，忧亦随之。”他一边吟咏着，一边摇头叹息着。鲍老对昭明的批评，弦音外带有一种不解的悲伤。“昭明本为五柳千古之知己，独贬此篇，何也？”——鲍老扬首问道。一室寂然。“事愿相违，志功相背，潜斯作有焉！”——他自说自话着，复引钱锺书的判词给出答案。话锋一转，判词变为苏轼之驳萧统：“正使不及《周南》，与屈宋所陈何异？而统乃讥之，此乃小儿强作解事者。”再进，则为陈沆之“晋无文，唯渊明《闲情》一赋而已”之语。我后来读《诗经》的“大叔于田”篇，读到“执辔如组，两骖如舞”，读到“两服上襄，两骖雁行”这种飞扬的句子，恍惚间常回到那天听鲍老讲《闲情》篇的记忆——要有怎样的出之入之的熟稔，怎样的“抑磬控忌”，才能达到他那种对古典文献的驾驭啊。

鲍老的诗稿，因为已有存底，他示我不必退还，多年来我就一直带在身边，无事时也常拿出细读。我最爱他的一首《感怀》：

> 匣内青萍久不鸣，愁将永日付棋枰。真能得意唯吟咏，每不如人是功名。庾亮风尘随扇息，季鹰心思逐潮生。邹家纵有雕龙手，难写闲情并世情。

后来每翻《世说》，读至王导以扇拂尘曰“元规尘污人”段，我总不免代入去想鲍老的平生机遇。他的婚姻、事业、经济生活多有不如意处，想必他也难免与别人作世情进退上的比较。我是这么理解的：浊世的风尘吹过来，首先感到难过的是性情最真率的人。我曾与一位同门激辩鲍老究竟是一位诗人还是一位学者。对方认为他为学的属性更重——他毕竟在短短的生命时间里，做出了令人刮目的成绩。同门遗憾地说，鲍老的自我定位还是有错舛，他若是不那么沉迷于写诗就好了。言外之意，他本可以做出更大的学术成就。但我固执地相信，先师首先乐于被人理解为诗人，其次才是学者。他在《得一斋诗钞》的序中，以激情的语言定义诗的本质："呜呼！问诗为何物？非音非律，无喜无悲，不穷不达，莫吐莫茹。夫诗者，太素之心也。耳目相激，斯之谓灵。目以观于色，耳以闻于声。夫春水温莹而澹澹，夏水浩淼而激激，秋水澄明而肃肃，冬水玄窈而冽冽。此陵阳侯四时之声色也。被之管弦，发为歌啸，则春之叮叮，夏之淴淴，秋之滴滴，冬之凛凛者，天籁也。而况冰弦为马娘之精，玉管为青君之髓，声气相求，感应以鸣，谁云不宜？是故风行水面以成文，树际残阳而写意，霞绎寒山为着色，露滴铜盘则发声。铜山西崩，洛钟东应。万物同此情也。"——若非有赤子之心的诗人，其悟断不能及此。

最近几年我常回母校，见到过多位先师过去的同学好友同事。他们一致痛惜他的早逝，对于他没有留下大部头的著述甚为叹惋。黄侃曾谓"五十岁以前不著述"，鲍老是否过于执情于他师祖的做派了？我们在不言间默默地向自己，也向对方提出这个问题。黄氏与鲍老的生命时间，都停止在他们所设限的五十岁上。五十岁是学术的壮年，但已经是学术评定的老年了——若按现在的高校评定标准死卡，鲍老很可能连正教授都评不上——他压根都没有发表过足够篇数的学术论文。他的心思并没有用在这上面。

然而，他活在一代又一代山大学生的口碑中，他活在后继的古籍整理者的口碑中，他活在中国当代格律诗坛创作者的口碑中，他活在他的老友们的心中。当他绵惙于病榻之时，心心念念的是《得一斋诗钞》的付梓，得知此情，他的旧友杜泽逊和夫人程远芬，及倪志云、周广璜、郑训佐诸先生主动为他承担起了该书的编辑校对工作。他们每一位都是齐鲁大地上响当当的古文献学者。我们如今能够看到这部精美的诗集，实出诸先生之功也。

鲍老当时有一篇论文刚投稿《文史哲》，还未进入编辑流程（核心期刊的审稿流程很长，有时可以达两年之久）。《文史哲》总编王学典教授听说他生病后，急命属下撤掉当期的一篇现稿，将此稿完成编排，以最快的速度赶印出清样，并让编辑拿着清样去医院给他过目……

有一年我回到山大，因为想做篇联绵字的论文，在文学院图籍室查找一篇他的相关题目的旧稿——仅仅收入一本叫作《山东大学中文系语言学论集》的非正式出版物，非坊间能致。管理员问明缘由，一边打量着我道："哦，你是——你原来是——鲍先生的弟子啊……"，一边拿起沉重的钥匙串给我打开那间尘积已久的书库。那时已经过了下班的时间了。书，到最后也没有找到，但我曾在灰尘飞舞的夕阳中，静静感受那余音里的旧人的温情。

"贻厥嘉猷，勉其祗植"——先师虽去，而他的德音犹存于这个世界，既以著述，亦以声诗，更以他的人格力量。作为他的弟子，我看待先师的一生，有很多很多的感喟，有些能言，有些不能言。能言的部分我表述如下：

我觉得身为学者的他，或憾短生穷役，未能做出更大的成就，但作为诗人的他，其实并没有什么遗憾。他的五十个春夏秋冬，短则短矣，但并不是浑浑噩噩过去的，他以晶莹聪敏的诗心，体察到物候的迁移和盛衰，也感知过人世的无奈与美好。并不是每个人的眼睛，都能看到春花在何时绽放、秋月在何时皎洁，也并不是每个人的耳朵，都能听到真正天籁的声响。更重要的是，只有极少数极少数受上苍祝福的笔，才能盘桓把握住那优美、典雅的中华文字。先师在有生之年，一直紧紧地握着那支笔，写着他所悦于写作的旧诗文，这件事本身，想来就是足够令人欣慰的。

附：《述师德》铭并英译

述师德

EULOGIUM IN COMMEMORATION OF MY MASTER

迈矣夫子，How grand are the virtues of my master!
出斯名乡。From a famed country he originated;
于穆旧族，And came he a noble clan, which perpetuates
累纪书香。In centuries of literary refinement.
人肆籀篆，Everyone is engaged in learning of calligraphy and scripts,
家耽雅苍。And each family boasts addicted philologists.
乾嘉风规，The vogue and paradigm of the Qianjia School
奕世孔臧。Are for generations dearly upheld.

业精尚古，In scholarship of antiquity he consummated,

才冠国庠。And at national university peers he outstood.

高烛踵肆，To a line of illustrious scholars he succeeded,

祛衣孟尝。Paying a disciple's respect like Prince Mengchang, by tucking up his garment.

既瞻官庙，Having browsed palaces and chateaus of his master's erudition,

邃密奥堂。He ventured into the confidential chamber in the next quest.

陟遐自迩，He roamed up afar, yet willingly returned to be about,

还守故疆。Standing fast on the old provinces to which he acceded.

祇勤家法，Epitomizing the methodology of the school,

寅绍前良。On the deeds of former worthies he carried.

宾名相传，The guest of one's celebrity echoes with the host of his substance;

不忝其墙。A true apostle would never have disgraced the master's homegate.

昔出门下，I was once under his honorable tutorship, much like

著录牟长。A private pupil to Master Mu Chang, having my name under his recorded.

舄履未纳，Without serving his shoes, like Zhang Liang did to Master Huang,

项斯见扬。I had already received, as Xiang Si from his enthusiastic patron, many accolades.

诗书弦诵，Poetry he chanted, and zither he played,

悠优尚羊。And in a leisurely manner enlightenment he kindled.

诲益密勿，The teachings that he earnestly imparted

无隅大方。Were not narrowed defined, but pointing out to a boundless world.

追思昔游，Reminiscing his tutelage erstwhile,

永感中肠。My heart is saddened by eternal bereavements.

（作者单位：山东大学文学院）

《经义考新校》春秋类校点献疑

班龙门

上海古籍出版社2010年出版的《经义考新校》，是目前《经义考》最为精善且最便于使用的版本。《经义考新校》是在台湾中央研究院中国文哲研究所1997年至1999年出版的《点校补正经义考》的基础上重新校订而成。《点校补正经义考》以清乾隆二十年（1755）卢见曾补刻本为底本，校以文渊阁《四库全书》本、《四部备要》本，并将翁方纲《经义考补正》《四库全书总目》、罗振玉《经义考校记》等相关内容附于各条目下。《经义考新校》在此基础上，补校了文津阁《四库全书》本，并广泛吸收学界订正意见进行了全面修订。《经义考新校》在大陆的出版可谓学界盛事，我在使用其中的春秋类（第168至210卷）时获益匪浅，同时也注意到一些校点中或可商榷之处，现不揣冒昧，按原书顺序一一条辨于此，譬如葑菲，节取焉可也。

1.第168卷，《春秋古经》条引郝敬语：

> 《春秋》一书，千古不决之疑案也。非《春秋》可疑，世儒疑之也。仲尼原笔之旧史不传矣，《左氏》摭拾遗文，阙略未备，可据才半耳；《公》《穀》袭《左》而加例，胡氏袭三《传》而加凿说，《春秋》者，几同射覆矣。（第3083页）

按："胡氏袭三《传》而加凿说"句标点有误。胡氏指南宋胡安国，胡氏撰有《春秋传》，与《左氏》《公羊》《穀梁》并称《春秋》四传。"胡氏袭三

《传》而加凿”指明胡《传》的穿凿附会之处，与前句“《公》《穀》袭《左》而加例”相对应。此处较明代郝敬《谈经·春秋》原文略有不同，郝氏原文为：“《公》《穀》袭《左》而加例，胡氏袭三《传》而加凿。吁嗟，《春秋》几同射覆矣。”故此处标点当为“《公》《穀》袭《左》而加例，胡氏袭三《传》而加凿。说《春秋》者，几同射覆矣”。

2.第168卷，《春秋古经》条引毛奇龄语：

乃舍懿、孝、惠三公不始，而始隐公，何也？至于《公羊》以隐公让位为贤，曰：“《春秋》善善，长当从善始。”《穀梁》以隐成父之恶为恶，曰：“《春秋》恶恶之书当从恶始。”（第3083页）

按：“《春秋》善善，长当从善始”句标点有误。此处毛氏讨论《春秋》为何始自隐公的问题。《公羊传》认为隐公将让位于桓公，是为贤，《春秋》当从善者始。《公羊传》昭公二十年云：“君子之善善也长，恶恶也短，恶恶止其身，善善及子孙。”故此句标点当为“《春秋》善善长，当从善始”。

3.第169卷，左丘明《春秋传》条引吕大圭语：

然《左氏》虽曰备事，而其间有不得其事之实，观其每述一事，必究其事之所由，深于情伪，熟于世故，往往论其成败而不论其是非，习于时世之所趋，而不明乎大义之所在：……鬻拳强谏，楚子临之以兵，而谓鬻拳为爱君。（第3095页）

按：“鬻拳强谏，楚子临之以兵”句标点有误。此处所指乃《左传》庄公十九年事：“初，鬻拳强谏楚子，楚子弗从，临之以兵，惧而从之。”鬻拳以兵临楚子，非楚子以兵临鬻拳。故此处标点当为“鬻拳强谏楚子，临之以兵”。

4.第169卷，左丘明《春秋传》条引家铉翁语：

《左氏》者，意其世为史官，与圣人同时者；邱明也，其后为《春秋》作《传》者，邱明之子孙或其门弟子也。（第3095页）

按：此段是家氏对《左传》作者的推测，他认为与孔子同时的人是左丘明，而作《左传》者为左丘明之子孙或弟子。此处的标点当为“左氏者，意其世为史官，与圣人同时者，邱明也；其后为《春秋》作《传》者，邱明之子孙或其门弟子也”。

5.第169卷，左丘明《春秋传》条引黄泽语：

孔子作《春秋》，以授史官及高弟在史官者，则邱明作《传》；在高弟者，则一再传而为公羊高、穀梁赤。（第3096页）

按：“以授史官及高弟在史官者”句标点有误。黄氏将孔子所传授的人分为两类，一类为史官，另一类为高弟。故此处的标点当为“以授史官及高弟。在史官者”。

6.第170卷，公羊高《春秋传》条引胡宁语：

《公》《穀》释《经》，其义皆密，如：……公薨不地，故也不书葬；贼不讨，以罪下也，若此之类，深得圣人诛乱臣、讨贼子之意，考其源流，必有端绪，非曲说所能及也。（第3103页）

按：“公薨不地，故也不书葬；贼不讨，以罪下也”句标点不确。《穀梁传》隐公十一年云：“公薨不地，故也。隐之，不忍地也。其不言葬何也？君弑，贼不讨，不书葬，以罪下也。”《公羊传》隐公十一年云：“何以不书葬？隐之也。何隐尔？弑也。弑则何以不书葬？《春秋》君弑，贼不讨，不书葬，以为无臣子也。……公薨何以不地？不忍言也。”知公薨不地与不书葬系两事。故此处标点当为“公薨不地，故也；不书葬，贼不讨，以罪下也”。

7.第171卷，董仲舒《春秋繁露》条引楼钥语：

后见尚书程公《跋》语，亦以篇名为疑；又以《通典》《太平御览》《太平寰宇记》所引《繁露》之书，今书皆无之，遂以为非董氏本书。且以其名谓必类小说家，后自为一编，记杂事名，演《繁露》行于世。（第3117页）

按："记杂事名，演《繁露》行于世"句理解不确。"尚书程公"指程大昌，《经义考》在楼钥前已引程说。程大昌著有《演繁露》十六卷。《四库全书总目》《演繁露》《续演繁露》条称："谓董仲舒原书必句用一物以发己意，乃自为一编拟之，而名之以《演繁露》。……然大昌所演，虽非仲舒本意，而名物典故，考证详明，实有资于小学。"故此处的标点当为"记杂事，名《演繁露》，行于世"。

8.第175卷，谢庄《春秋图》条引《南史》：

> 谢庄分《左氏》经传，随国立篇制，木方丈图山川土地，各有分理，离之则州郡殊别，合之则寓内为一。（第3197页）

按："随国立篇制，木方丈图山川土地"句断句不确。"制""图"均为动词。唐张彦远《历代名画记》载谢庄："性多巧思，善画。制木方丈，图天下山川土地，各有分理。"故此句标点当为"随国立篇，制木方丈，图山川土地"。

9.第175卷，刘之遴《春秋大意》《左氏》《三传同异》条引《梁书》：

> 遴乃著《春秋大意》十科、《左氏》十科、《三传同异》十科，合三十事以上之。高祖大悦，诏答之，曰："省所撰《春秋义比事论书》辞微旨远……昔在弱年，乃经研味，一从遗置，迨将五纪，兼晚冬晷促，机事罕暇，夜分求衣，未遑搜括，须待夏景试取推寻若温，故可求别酬所问也。"（第3200—3201页）

按："省所撰《春秋义比事论书》辞微旨远"句标点当为"省所撰《春秋》义，比事论书，辞微旨远"。"须待夏景试取推寻若温，故可求别酬所问也"句标点当为"须待夏景，试取推寻，若温故可求，别酬所问也"。检中华书局1973年标点本《梁书》卷四十，标点不误。

10.第176卷，陆质《集注春秋》条引陈振孙语：

> 初，润州丹阳主簿赵郡啖助叔佐明《春秋传》，洋州刺史河东赵匡伯淳，质从助及伯淳，传其学。（第3233页）

按："春秋"下"传"字为动词，首句标点当为"初，润州丹阳主簿赵郡啖助叔佐明《春秋》，传洋州刺史河东赵匡伯淳"。

11.第176卷，陆质《集传春秋纂例》条引柳贯语：

贯将读而释之，益求二书，不踵为余有耶？……于时北学称赵闲，闲公秉文即公名，知为赵氏所藏无疑。（第3237页）

按：柳贯《柳待制文集》"释"作"绎"。"于时北学称赵闲，闲公秉文即公名"句标点当为"于时北学称赵闲闲公，秉文即公名"。

12.第178卷，陈岳《春秋折衷论》条引岳《自述》：

仲舒所业惟《公羊传》，仲舒既殁，则有刘向父子，向受业《穀梁》，歆业《左氏》，《左氏》之道假歆而振，自斯学者愈茂，欲存《左氏》而废《公》《穀》，则西汉鸿儒向焉欲存《公》《穀》而废《左氏》，则邱明与圣人同代，是以皆各专一传。（第3257—3258页）

按："《左氏》之道假歆而振"之后当施句号。"向焉"下当加分号，概括当时学者对《公》《穀》与《左传》的矛盾态度。

13.第180卷，赵瞻《春秋论》条引晁说之序：

嗟乎！学而不惑之难如此同。知枢密院懿简赵公没身于《春秋》……晚由温公之言起，废不三年，遂与枢务，皆以《春秋》之学著之行事，而未尝以所学一出于口，又何难耶？（第3311—3312页）

按：句中"同知枢密院"是赵瞻的官衔，不可断开，"起废"亦不可断开。故标点应为"嗟乎！学而不惑之难如此。同知枢密院懿简赵公没身于《春秋》……晚由温公之言起废，不三年遂与枢务……"。

14.第185卷，胡安国《春秋传》条引毛奇龄语：

夫子月称正冬、月称春，经传显然，而云《春秋》用夏时，不可解也。（第3397页）

按：毛氏此处驳胡安国《春秋》用夏时之说。“夫子月称正冬、月称春”当标点为“夫子月称正，冬月称春”。

15.第191卷，赵鹏飞《春秋经筌》条引梦炎序：

蜀在天一方，士当盛时，安于山林，惟穷经是务，皓首不辍，故其著述往往深得经意，然不轻于自衒，而人莫之知书之藏于家者；又以狄难而燬，良可慨叹。（第3490页）

按：“然不轻于自衒，而人莫之知书之藏于家者；又以狄难而燬”标点有误，当为“然不轻于自衒，而人莫之知。书之藏于家者，又以狄难而燬”。

16.第191卷，朱申《春秋左传节解》条引王鏊序：

其辞婉而畅，直而不肆，深而不晦，链而不烦，绳削后之以文名家者，孰能遗之。（第3494页）

按：不烦绳削，是指文字极为精炼，无须修改润色。黄庭坚《与王观复书三首》有云：“观杜子美到夔州后诗，韩退之自潮州还朝后文章，皆不烦绳削而自合。”故此句标点应为“链而不烦绳削。后之以文名家者”。

17. 第193卷，郝经《春秋外传》条引经《春秋三传折衷》自序：

俾三《传》而为一传，折之以义理之至中，归之于义理之至当，有万不同贯而一之，俾万世之事业不外乎万六千言之文学者，不复窃三《传》以自私名家而复厚诬之也。（第3539页）

按：“万六千言之文”指《春秋》经文，“学者”当属下读。标点当为“俾万世之事业不外乎万六千言之文，学者不复窃三《传》以自私名家而复厚诬之也”。

18.第202卷，王樵《春秋凡例》条引樵自序：

虽然，理明义精如程子，固犹谓其微辞隐义，时措从宜者为难，知其间多所阙，而未言与夫言而尚略者，盖难之也，则文定其肯自谓皆已得圣人之意乎？（第3689页）

按：句中“知”当属上读。程颐《春秋传序》云：“惟其微辞隐义，时措从宜者，为难知也。”“固犹谓其微辞隐义，时措从宜者为难知”从程《序》而来。“而未言”当属上读。此段文字当标点为：“虽然，理明义精如程子，固犹谓其微辞隐义，时措从宜者为难知。其间多所阙而未言，与夫言而尚略者，盖难之也，则文定其肯自谓皆已得圣人之意乎？”

19.第203卷，姜宝《春秋事义考》条引《四库总目》：

宝有《周易传义补疑》，已著录《明史·艺文志》，朱彝尊《经义考》俱载。是书二十卷，而此少四卷，然检其篇帙，未见所缺佚，或别有附录而佚之欤？（第3694页）

按：这条提要首先说明《四库全书总目》已经著录姜宝的另外一部书《周易传义补疑》，然后讨论《春秋事义考》的卷数。《明史·艺文志》《经义考》所载《春秋事义考》卷数均为二十卷，比《四库全书》本十六卷多出四卷。故此段标点应为：“宝有《周易传义补疑》，已著录。《明史·艺文志》、朱彝尊《经义考》俱载是书二十卷……”

以上所举《经义考新校》春秋类十九处标点可商榷处，多数可通过查核所引文献原文，或参考已有校点成果来确定。但《经义考》一书多达三百卷，将全书进行规范的整理校点，已属不易，嘉惠学林，功德无量。本文的初衷也只是为了进一步完善这一成果，不妥之处，在所难免。

（作者单位：北京大学中国语言文学系博士研究生）

王夫之《庄子解》版本辨析

路庆兰　李士彪

王夫之《庄子解》一书，学界对其思想内容关注较多，对其版本源流却不甚留心。今略加辨析，就正于方家。

先说一下这部书的编纂。此书最初是由王夫之之子王敔编纂并刊刻的。现藏于湖南图书馆的湘西草堂本，是现存最早的刻本。这个本子书后有五篇附录于他本未见，分别是王敔门人王灏附识、王灏跋、邵阳宁瑛跋、钟武王天泰跋、邵阳罗瑄跋。

湘西草堂本《庄子解》，从内容上考察，包括四个部分：一是《庄子》原文，二是“解”，三是“增注”，四是“评”。解是对文意的疏解，列在《庄子》原文相应的段落之后。增注和评是用双行小字夹注在《庄子》原文有关字句之下。

据王灏《刊南华附识》，王夫之有手书解本，有评本，王敔将其合为一本，书中“评曰”的内容即是王夫之的评本。王天泰、罗瑄二人的跋中也对此做了说明。王灏的附识还说，手书解本“但书自某句起，自（当作‘至’）某句止为一节，因书解其下”，可见王夫之解《庄》时是没有录《庄子》全文的。而所谓“评本”指王夫之的评点本，于书上“随笔朱书”。王夫之并未给《庄子》作注，注文是王敔增加的，所以叫作“增注”。这在王灏《刊南华附识》和王天泰跋中有明确说明。这本是无可怀疑的事实，已凝固在历史的岩层中。但许多学者没有看到这几篇识跋，不免生出一些疑惑和猜测。

王孝鱼对增注评价较高，他在《庄子解点校说明》中说：“王敔对本书的增注，在他增注各书中，成绩最优，用力也最勤。引用古今各家之说很多，对明代名著，亦偶有采录，但绝不见当时最为风行的《南华副墨》及其作者陆长庚的名字。引用最多的是方以智，有十几条。我们知道，方以智是船山的老友，而陆长庚则是以佛理解《庄》的。于此，可见王敔在他父亲的教育下，在学术见解方面也是壁垒森严的。我还怀疑，这个增注，或者是根据当时听讲的笔记而整理扩充起来的。”杨坚《庄子解编校后记》则说：“本书之主要注者仍当归之船山，敔虽有所增，似不能多。书名下‘男敔增注’云者，乃增新注于原注，非增有注于无注也。”(《船山全书》第十三册)

王孝鱼认为是王敔增注，同时怀疑是据听讲笔记整理扩充，其中掺杂了王夫之的观点。杨坚则认为是王夫之原有注，王敔只是在此基础上做了不多的补充。这些观点都与事实不符。王灏《刊南华附识》说：“灏因字句多奥奇，复请于师更增音注。自春迄仲夏而书成。其比次本文而演其义者，手书解本也。其小注中，别以评曰者，评本也。其补注，则师参辑他书折衷于解本与手评而详为标释者也。”王灏是王敔的亲炙弟子，王敔录校《庄子解》时，“灏旦夕在侧”，其叙述当是可信的。同附于湘西草堂本后的王天泰跋也说：“船山先生喜谈《南华》，有解本，有评本，嗣君虎翁合而成书，又增加音注。”据以上二王叙述可知，解文与“评曰”出自船山之手，注文确为王敔所加，而非原有注而补，亦非据笔记整理。

所谓“参辑他书”，实则多抄录一书，即方以智《药地炮庄》(简称《炮庄》)。袭用却不注明，虽时有改动、取舍，终是大病。增注所引《炮庄》，有些是方氏所引前贤之说，增注不察，对方氏抄错的文字也照抄未改。如《逍遥游》篇“《齐谐》者”一节后，增注“何孟春曰:《齐谐》，无是书，是其剧耳”，是照抄《炮庄》，一字未改。而此注亦非《炮庄》发明，而是抄自归有光《南华真经评注》，原作:“何孟春曰:《齐谐》之书未必有，此是其戏剧耳。”方勇《庄子学史》指出,《南华真经评注》抄自沈汝绅《南华经集评》，原作“何孟春曰:《齐谐》，如今《山海经》之类，然此书未必有。庄子既撰此说，又引此书以自证，是其戏剧耳”，而沈书所谓何孟春之语实抄袭自林希逸《庄子口义》。《庄子口义》此注原作：“《齐谐》，书名也，其所志述皆怪异非常之事，如今《山海经》之类。然此书亦未必有。庄子既撰此说，又引此书以自证，此又是其戏剧处。”林希逸为宋人，何孟春为明人，后人将林氏之语误传在何氏名下，增注不察，因袭此误。

增注大面积袭用《炮庄》，而明确注明“方以智曰”者仅14处。还有“无可曰”1处，“方注”1处，这两条也算上，也就16处。增注对《炮庄》的抄袭，有时简单粗暴，甚至造成阅读障碍。如《大宗师》“若然者，其心志”，增注：“志，专一也。俗本作‘忘’，非是。集曰：‘志’字虚用，谓心不可得而窥测，惟有一志耳。”忽然蹦出“集曰”二字，甚为费解，读者不知如何是好。这个问题是不能回避的，王孝鱼作了这样的解释：“‘集’字疑为‘评’字之误。湘西草堂本亦误作‘集’。初疑‘集’字下落一‘注’字，指明潘基庆《南华集注》而言，但查潘书，无此一条。当即船山所评，语气亦似书眉手评文字。”如果王先生查阅《炮庄》，估计就不会有这么多的猜测了。《炮庄》原文是：“集云：其心志，志字虚用，奇。谓不可得而窥测，惟有一志耳。”《炮庄》在“诸家议论”部分有不少题为“集云”“集曰”的评语，实亦出自方以智手笔，因为《炮庄》卷首有“极丸学人弘智集”字样，“极丸学人弘智”就是方以智，方氏号“极丸人”，法名“弘智”。方氏喜欢搞花样，玩得很嗨，王敔却抄得极为认真。“作奏虽工，宜去葛龚”，殷鉴不远，重蹈覆辙。

增注袭用《炮庄》是事实，王夫之的学术品格毋庸置疑。两相对照，也可以说明增注与王夫之无关，也决非在原有王夫之注的基础上作的“增补”，而完全是王敔个人的行为。

增注的事就此打住。下面该说版本了。

一、湘西草堂本

湘西草堂本（简称“湘西本”）是目前所知《庄子解》流传下来的最早版本，由王敔在康熙四十八年（1709）主持刊刻于湘西草堂。

此本湖南图书馆（简称“湘图”）藏有一部。扉页镌“船山先生注，庄子解，湘西草堂藏板”。正文前有序文两篇，第一篇序为大字行楷写刻，半页五行，行十二字，末署“康熙己丑孟冬平原董思凝撰”。第二篇序无落款

（疑落款所在一页遗失），板心镌有“王序”二字，内容即“金陵本”（详见下文）卷首的王天泰序。两篇序文之间是全书目录，目录误将《列御寇》《天下》两篇列于《天运》篇之下。该本共六册，不分卷，正文版式为半页九行，行二十字，小字双行，行二十字，白口，四周单边，黑单鱼尾。鱼尾上方镌书名“庄子解”三字，三字右下，内外杂篇分别镌“内篇”“外篇”“杂篇”字样，鱼尾下方镌篇名及页码，每篇页码单独起讫。内外杂篇首页，第一行顶格镌书名“庄子解”三字，三字下内、杂篇有“评本合载”四字，外篇有“手评并载”四字。第二行中间，三篇皆镌“南岳王夫之解，男敔增注”十字，“王夫之”前空一格。三、四行，内篇有“潆江后学宁瑛、罗瑄参较”字样，外、杂篇少“潆江”二字。第五行，三篇分别有“同里后学王天泰订梓”“私淑门人王灏订梓”“私淑门人罗良钰授梓”字样。《庄子》正文顶格镌刻，低一格以相同字体字号刻王夫之解文，注文、按语及题为“评曰”的评注用双行小字刻于有关字句下。

今湖南省社会科学院藏有一部《王船山先生书集》，包括五种书，共十四册，第二册到第六册为《庄子解》。第一册书名页镌“王船山先生书集，老子衍、楚辞通释、庄子解、张子正蒙注释、俟解”。《庄子解》一书之行款、板框、字体、内容，包括所刻圈点符号，皆与湘图所藏湘西本完全相同，应是同一板所印。此本未署年月，不知二者印刷之先后。有人认为，“前者的单种本字迹清晰，无断板痕迹；而后者字迹模糊，有板裂痕迹。据此认定王敔在湘西草堂刊刻船山遗书时，先是一种一种地刻印，然后将几种单种本的书板汇集成套，重新修补增订印刷，统一集装成《王船山先生书集五种》行世”（刘志盛、刘萍《王船山著作丛考》），这种说法应该是符合实际的。

王灏的《刊南华附识》明确交待书中“评曰”的内容即王夫之的评本，王天泰、罗瑄二人的跋中也有说明。而王孝鱼却只凭三篇首页的“评本合载”“手评并载”字样推测“评者当是船山”（《庄子解点校说明》）。另外，董思凝为《庄子解》所作之序，王孝鱼所见湘西本似亦未载。因为他在提到董序时，称之为“金陵刻本前面的董思凝序”，然今所见湘西本前面的董序与“金陵刻本”并无二致，如果他看到的湘西本也有董序，不应该特称“金陵刻本前面的”。我们推测，王孝鱼见到的这个湘西本有可能就是汇印《王船山先生书集五种》中的《庄子解》，书前书后没有任何序跋。

二、汇江书室本

汇江书室本，周调阳《王船山著述考略》、刘志盛和刘萍《王船山著作丛考》、寻霖和刘志盛《湖南刻书史略》中都有提到，材料来源皆是以下两条。一是邓显鹤（号湘皋）在其增辑《楚宝》卷十八《王夫之》后所加按语：“顷衡阳马硕坡同年运鋆以《春秋世论》《论语稗疏》《张子正蒙》《庄子解》《楚辞通释》《俟解》六种见赠，盖其诸父湘门太史倚元所刻行者，而全书亦未得见。”二是邹汉勋《致邓湘皋学博书》，其中说：“虎止先生已刊行十余种于湘西草堂，后乃有汇江书室之刻，即往岁衡阳马硕坡诒先生之本。此刻似有十余种，而此处惟有《春秋世论》及《四书稗疏》。《四书稗疏》尚在先生行箧，闻卷端有船山著述总目，多至七八十种，不知是何等名号，恳为掷下，以便勘阅细校。”（《学艺斋文存》卷八）

查同治《衡阳县志》及光绪《湖南通志》，知马倚元为乾隆五十年（1785）举人，嘉庆壬戌（1802）进士，年七十一卒。二志未提及其刻船山遗书之事。邓、邹二人所说汇江书室本不知刻于何年，今亦未见传本。汇江书室本极有可能只是一个传说。

三、衡阳学署本

衡阳学署本（简称“学署本”）为《船山遗书子集五种》之一，即前述《王船山先生书集》五种之补刊，今湘图有藏。五种书共十二册，第二到第六册为《庄子解》。第一册《老子衍》扉页右上方镌“子集五种”四字，下分两行列五种书名，第一行为“老子衍、庄子解、楚辞通释”，第二行为“张子正蒙注、俟解”；中间镌“船山遗书”四个大字；左侧是“道光戊申年重校，板存衡阳学署”。《庄子解》扉页右上镌“王船山先生遗书”，中间是“庄子解”三字，左侧有“道光二十八年补镌”字样。《老子衍》卷首有郭孔岚跋，叙补刊始末。由郭跋可知，汇印五种之板片后归衡阳学署，日久有损毁，道光二十八年（1848），时任湖南衡永郴桂道俞焜出资购善本，属郭孔岚（时任衡阳县教谕）详校补刊。关于板藏衡阳学署之事，邓显鹤增辑《楚宝》卷十八《王夫之》后按语称："武陵赵学博敦怡语余：'先生已刻行之板，尚存衡阳学署，多残缺。'"

有学者认为这是"道光二十年的新刻本，并非康熙、道光年间的修补刻本"（刘志盛、刘萍《王船山著作丛考》）。然查此本，除书名页外，正文及书前二序之行款版式、字体，皆与湘西本同。笔者将此本与湘西本仔细校对一遍，发现除个别地方漫漶不清外，内容也几乎没有不同。《德充符》篇首解文"争竞忘而后不忘其所不忘"，湘西本前四字作小字只占两字之空，可见是板成以后覆校时又发现漏字而挖改后印刷的。此本连这种情况也与湘西本相同，说明这是同一块板，不是重新刻的。可能有些板面破损，所以加以修补后又重新刷印。可以确定这个学署本是湘西草堂藏板的补刻。

四、金陵节署本

金陵节署本（简称"金陵本"）由曾国藩、曾国荃兄弟主持刊刻，同治四年（1865）刻成，总题《船山遗书》。该本版式为左右双边，上下单边，半页十行，行二十二字，小字双行，行二十二字，黑口，双鱼尾。扉页篆书题"庄子解三十三卷"七个大字，左下小字题"后学吴让之书首"。书牌镌"同治四年湘乡曾氏刊于金陵节署"。书前亦有董、王二序，只是顺序与湘西本不同，王序在前，董序在后，然后是目录和正文。首卷首行标"庄子解卷一，船山遗书四十"，次行镌"衡阳王夫之课，男敔增注"字样。以后每卷除卷次变更，余则相同，唯第四卷"衡阳王夫之课"前多一"明"字。

湘西本为此书的最早刻本，理论上说应该最接近王夫之著作原貌，尤其是书后五篇附识和跋文，为他本所无，是研究此书及其早期刊刻的珍贵材料。然此本讹误较多。金陵本由曾国藩兄弟主持，又有精于校勘的张文虎、刘毓崧等学者分任校雠。既是官修，又由能者主事，精校精刻，洵称善本。近人整理本多以金陵本为底本，实是明智之举。

金陵本之底本为何本，现未见有明确记载。笔者注意到，金陵本中“由”字皆统一作“繇”，仅在卷三十一末尾有三处“由”，且在同一块板上，当是校勘时疏忽所致。“校”写作“挍”，“检”作“捡”。疑是王夫之原稿如此，以避明熹宗朱由校、庄烈帝朱由检之讳。然查湘西本多用“由”字，“校”“检”亦皆有。另，金陵本《天运》篇“九雒之事”下注“九雒，或上世之君。〇方以智曰：‘黄帝表新雒因雒，即九雒也’”，一连五个“雒”字，湘西本均作“洛”。“洛”作“雒”应是避明光宗朱常洛之讳。何以王敔所刻湘西本未避明讳，而清代官刻的金陵本反避呢？欧阳兆熊《重刊船山遗书凡例》可解此疑，其中说道：“旧刻本、抄本为前明避改者，如洛作雒，避光宗讳；由作繇，避熹宗及庄烈帝讳；校作挍，或作较，避熹宗讳；检作捡，或作简，避庄烈帝讳……仍照原文用别字替代。”王夫之一生以明遗民自居，弥留之际还自题墓石曰“有明遗臣行人王夫之”，其手稿理应是避明讳的。王敔刻湘西本时，大概是畏触时忌，故意把避讳处回改为原字。由此来看，金陵本之底本当另有所据。

二本相较，湘西本错讹较多，金陵本后出转精。如《齐物论》篇“姚佚启态”一词下，湘西本增注“姚佚，一作姚佚”，显然有误；金陵本则作“姚佚，一作姚泆”。同篇“恢恑憰怪”一词下，湘西本增注“憰音憰”，亦有误；金陵本则作“憰音谲”。金陵本可能是作了相应订正，也可能其所据之本原即如此。湘西本俗体字较多，金陵本多用通行字。欧阳兆熊《重刊船山遗书凡例》对此有说明：“各书稿本，除《说文广义》一种专论字体，其余大都以通行之字为准。今兹所刻，惟期祛俗讹、削破体而已。”当然也有湘西本不误、金陵本有误的地方。如湘西本《达生》篇“东郭稷以御见庄公”一节，解文“力有余而精不竭”，“力”字，金陵本作“方”，于文意不通，当是形近之误。也有二本皆误的地方。《秋水》篇“公孙龙问于魏牟曰”段末，“直匍匐而归耳”六字，原是《庄子》正文，二本皆作小字，等同于注文。今所见各种整理本皆依样排印，且没有任何校记说明。这是需要引起注意的。

（作者单位：鲁东大学文学院）

数术文化浅谈（五）

——本象卜之地理法

关长龙

唐孔颖达在疏论《周易·系辞上》的“天文”“地理”之义时说：“天有悬象而成文章，故称文也；地有山川原隰，各有条理，故称理也。”认知自然的“山川原隰”，并在其间选择和规划营建人类赖以生存的文化空间，当即传统地理法的基本内容。施之于现代学科分类，认知、选择盖可属于自然地理学和人文地理学的范畴，而规划营建似当归于城乡规划与建筑设计领域。《汉书·艺文志》数术略云：

> 形法者，大举九州之势以立城郭室舍；形人及六畜骨法之度数、器物之形容以求其声气贵贱吉凶。犹律有长短，而各征其声，非有鬼神，数自然也。然形与气相首尾，亦有有其形而无其气，有其气而无其形，此精微之独异也。

此中之“形”的对象包括地、人及物三种，分属于数术分类中的地理法、人文法和物理法三门。其论“地理法”中的“势”即指出于自然的“山川原隰”，而“九州”则出于人为的规划，乃“唯王建国，辨方正位，体国经野”（《周礼》）的结果，是为正史“地理志”的内容，唯其如何规摹“九州”与“立城郭宫室”，才是数术中可与天文、人文、物理相并论的“地理”法之主要内容，唐以后公私目录所载以及传世的地理文献，皆当如是观之。盖“举”者，选择、谋划之义，“大举九州之势”即是在天下九州的自然形势中选择谋划适合人类生存的物理空间，进而在此物理空间中进行人文规划和营建，以“立城郭宫室”。具体言之，则前者后世多沿用“形法”一词称之，而后者则渐有“图宅术”之专称，或径以“图宅术”中的主要理论依据“堪舆”名之，唐宋近世转型以后，则多以“风水”一词来概论此种意义上的“地理法”。

一、形法——相宅的选择与规划

形法既以“立城郭宫室”为目的，则其选择过程就略可分为两个层次，首先是对自然地理的认知和了解，以选择出可“立城郭宫室”的物理空间，其后再对此物理空间进行人文规划，唯此又有多层展开，其最要者盖可分为三个层次，即关乎“天下”的区域划分、关乎区域的都邑选择及关乎人本的宅兆规划和营建。其中前二者在《汉书·艺文志》数术略形法类中皆有专书涉及。

汉志中关乎区域划分的专书为“《山海经》十三篇”，刘歆《上山海经表》云：“《山海经》者，出于唐、虞之际……内别五方之山，外分八方之海，纪其珍宝奇物，异方之所生，水土草木禽兽昆虫麟凤之所止，祯祥之所隐，及四海之外，绝域之国，殊类之人。禹别九州，任土作贡，而益等类物善恶，著《山海经》。”故其书六朝以后虽被视为志怪小说之作，然早期则被视为具有规划“天下”意义的形法著作。《周礼·地官司徒》所载大司徒之职云：“以天下土地之图，周知九州之地域广轮之数，辨其山林、川泽、丘陵、坟衍、原隰之名物；而辨其邦国都鄙之数，制其畿疆而沟封之，设其社稷之壝而树之田主。”“以土宜之法，辨十有二土之名物，以相民宅而知其利害，以阜人民，以蕃鸟兽，以毓草木，以任土事。”此九州、十二土云云，亦可视为《山海经》五山、八海之演绎和发展，而其如此划分的地理依据，固当有着关乎天地星野、四海八方等的宇宙论思考。后世正史地理志所及，亦仅为区域划分之更进一步的权变与细化而已。

至于都邑选择与规划，汉志中有两部专书涉及，即“《宫宅地形》二十卷”和“《国朝》七卷”，其书皆已早佚，然循名责实，疑前者盖重讨论如何在自然形势中选择可用于“立城郭宫室”的物理空间，而后者则主讨论如何在此空间中“立城郭宫室”的人文规划。成书于北宋时期的《地理新书》，其卷一“城邑地形”中辑述早期都城选址活动云：

《国语》周大史伯阳父曰：“国必依山川。”韦昭传曰：“谓依其精气利泽也。”是以古者王侯将营都邑，必先度可居之地，以审其吉凶，故豳公将居豳也，其诗曰：“笃公刘，于胥斯原。”“陟则在巘，复降在原。”“逝彼百泉，瞻彼溥原。乃陟南冈，乃觏于京。”

据《尚书》之《召诰》《洛诰》载周公经营洛邑的过程，即由少保先行“相宅”，然后周公亲临“卜宅”，以决其选，然后择日奠基以营建“城郭宫室”。盖彼时“相宅”当有数处之选，然后因卜以用其一。据《诗经·大雅·公刘》所载，此“相宅”之选当有“溥原”“百泉”、冈巘的配合。后世有关形法选择之意颇有整合配入具名宅葬书中者，如前引《地理新书》所载之“城邑地形”，又如《黄帝宅经》载地典回答黄帝“凡人宅居，何者大吉”时说，当具备“左青龙，右白虎，前朱雀，后玄武”的格局，具体言之：

左有南流水为青龙，右有南行大道为白虎，前有污池为朱雀，后有丘陵为玄武。（敦煌本《诸杂推五姓阴阳等宅图经》一）

此四象格局又被后世誉为形法选址的“理想景观”。盖“相宅”之对象虽有都邑与民居的小大之别，然其追求所居的“原衍”周围当有山水丘池相匹配的理念则是一致的。

关乎都城规划的《国朝》一书，当与国都营建有关（参辛德勇《由国朝到宫室再到里坊——论〈两京新记〉在中国古代城市文献编述史上的意义》，载《困学书城》）。前《地理新书》所引《公刘》诗后文所及的“既溥既长。既景乃冈，相其阴阳，观其流泉”，描述的正是早期都城规划前实地勘测的一个典型案例。在已选择的广袤空间中，以日晷定方位，又登上南面的朝山山冈以确定此都城空间的中轴线，明分阴阳（左右）区域，又要协调此都城与附近河流间的关系，以兼有水利之便。经过形势勘测后，再进而在此形势环绕的空间中规划都城的功能分区，此在《周礼·冬官考工记》中有云：

匠人营国。方九里，旁三门。国中九经九纬，经涂九轨。左祖右社，面朝后市，市朝一夫。……九分其国，以为九分，九卿治之。

形法之选择与规划虽有国都、城邑、村落与民宅的小大之别，但其基本理念和程序都是一致的。

二、堪舆——图宅的造作与协调

形法选择的物理空间虽可以经验和感觉为主来作判断，但“立城郭宫室”的人文规划和宅兆设计需要有一个“理法”依据，此盖即“堪舆”术之所由起。考“堪舆”一词，盖初见于《淮南子·天文训》：

太阴所居辰为厌日，厌日不可以举百事，堪舆徐行，雄以音知雌，故为奇辰。

数从甲子始，子母相求，所合之处为合，十日十二辰，周六十日，凡八合。合于岁前则死亡，合于岁后则无殃。

甲戌，燕也；乙酉，齐也；丙午，越也；丁巳，楚也；庚申，秦也；辛卯，戎也；壬子，代也；癸亥，胡也；戊戌、己亥，韩也；己酉、己卯，魏也；戊午、戊子八合，天下也。

太阴、小岁、星、日、辰五神皆合，其日有云气风雨，国君当之。

或辑许慎注云：“堪，天道也；舆，地道也。”盖“堪舆”所指与自然存在意义上的“天地”不尽相同，而是通过整合时空变化中的天地要素（神）的配合关系，为人的自我生存活动提供时空选择上的“宇宙论”依据。从上文末段可知，其要素有五，即太阴，又称天一、青龙、太岁（与岁星有雌雄之分）；小岁，即斗杓一年内圜转所指的变化，代表月份变化；星，为太阳一年所历之二十八宿，与时间、分野有关；日、辰则分别为十干、十二支所表达的时间标度（干为雄，支为雌）。其具体运作方式虽或可以表推，但更可能是以一种类似“天地盘”的模型推算，此模型疑即传统六壬栻的早期形态。《汉书·艺文志》“五行类”收有《堪舆金匮》十四卷，当是专论此术之作。

按《汉书·艺文志》“五行类”载有“泰一”“羡门”“天一”“堪舆”诸栻法，依数术文献传承之例，知“泰一”即太乙栻，“羡门”疑或与后出之奇门遁甲栻有关，而“天一”作为堪舆之“主神”，疑“天一”栻即堪舆栻之异称，六朝后易名为六壬栻，南朝萧梁时已有六壬书名（《隋书·经籍志》载“梁有《六壬式经》三卷，亡”），则出土发现的六件汉代六壬栻（参李零《中国方术考》第二章“式与中国古代的宇宙模式”），其在汉晋之际当即以“堪舆”及“天一”之名流行于世。李零先生认为：“择日和历忌是从式法派生。”（《中国方术考》第一章“占卜体系和有关发现”）故《史记·日者列传》有用堪舆择婚期之说，然其模拟天地运转的结果固不限于时间的选择，还包括空间的配合与方位选择，此于宅葬营造中的时空与位序安排方面颇有应用，如现存唐代有关宅葬文献中的黄黑道、月建法、刑德方等，故三国时代的孟康注扬雄《甘泉赋》“属堪舆以壁垒兮”云：“堪舆，神名，造《图宅书》者。”

“图宅”一词盖流行于汉魏六朝之际，若王充《论衡》、嵇康《释难宅无吉凶摄生论》以及《晋书》等，观诸书所载文献的只言片语，其法当即在宅墓营造时，以一种理想的时空模型加以“比对”和安排，如有缺欠，则别加人工补足（如后世风水术中“消砂纳水”、补偏救弊之所为），至于其理想的时空模型之所从出，盖即以“堪舆”为代表的天地之道的演绎所得。六朝以后，作为栻法专名的“堪舆”虽让位于“六壬”，但在宅葬营造法术中，“堪舆”的有关概念仍承用未替。而“图宅”也因术法的丰富而析脉分科，分散为更能具体揭示对象的宅书、葬书、地理诸目。

从19世纪末发现的以唐五代时期为主的敦煌宅葬文献看，除形法类文献外，其宅法文献的类型主要有阴阳宅法、五姓宅法、三元宅法（玄女宅法同）、八卦宅法。内含堪舆阴阳法、奇门三元法、易学八卦法。至于五姓宅

张仙人俑

南宋庆元四年（1198）朱济南墓（江西临川县温泉乡高源李村）出土

法，它仅是一种基于主体特征的个性选择，其具体术法仍出于前几种“法象时空”的宇宙论学理。葬书文献之法与宅法略同，唯以其处理的对象小于宅宇，故在理论致用上更为简约，且为配合丧礼的仪式展开，大大增加了时间选择和行为禁忌的内容。

五代以后，随着磁针技术的应用和发展，一种专用于宅葬空间选择的“拟栻”工具——罗经（或称“罗盘”）得以出现，1985年在江西出土的南宋时期墓葬中的张仙人俑，其手中所持即为罗经模型。虽未能检得此类“罗经”或有“堪舆”之别名，然其与栻盘必有承袭关系。清王道亨《罗经透解》自序云：

> 粤稽罗经之制，轩帝创其始，周公遵其法，指南针方位分定。然先天只有十二支神，汉张良配以八干、四维，罗列于内，名为地盘。杨、赖二公又加中、外两层，号曰天盘、人盘，合成三才。其中全度星宿备载罗列，衍寓河、洛五行之奥，显藏羲、文八卦之奇，体精用宏，变化无穷，洞哉包罗万象，经纬天地。上可以格天运星度轮回，下可以辨山川方位吉凶，中可以定人间阴阳两宅，而万事利用之至宝也。

此中虽不乏依托之论，但其天地人三盘之结构和二十四山及周天星度的划分，当即由“栻盘”改良而来，元以后，或借早期“堪舆”一词用同“风水”之义，盖亦遥接“图宅”之旧理了。

另外，汉以后，随着个体营建的多样化需求和主体意识的提高，形法选择的地形配合与规划设计的方位取舍等或与主体的个性特征加以系联，如姓氏、生辰、祖居所在、营建时间等，而有五姓、八卦、阴阳、三元诸法蜂起，术理愈演愈密，以致过分夸大个体差异而枉顾人性所同之基本前提，遂使形法选择与规划设计之理念亦不得不与中国思想界一起经历“唐宋变革期”的洗礼，而进入“风水”主潮的新时代。

三、风水——终极的贯通与体认

作为地理法的“风水”一词，盖出现于五代宋初之际，术界多引托名郭璞而实定型于北南宋之际的《葬书》（参余格格《郭璞〈葬书〉伪书考》）为说：

> 葬者，乘生气也。……经曰：“气乘风则散，界水则止。”古人聚之使不散，行之使有止，故谓之风水。风水之法，得水为上，藏风次之，经曰：“外气横形，内气止生。”盖言此也。

中国传统宇宙论认为：“形而上者谓之道，形而下者谓之器。”（《周易·系辞上》）“器”包括人们赖以生存的自然事物与人造事物，而“道”则是生成此两种事物的本源，亦称“本体”或“神”，“气”是道体生成事物之初的基本元素，这些基本元素在时空中激荡变化，遂而形成了纷纭复杂的表象世界。在五代之际，人们拈出能够推动“气”之聚散变化的动因——“风水”二要素，作为地理法中的核心概念，通过观察和调整影响此动因的结构组配，来抉择某处的地理空间是否有足够的“生气”以裨益居者的成长需求。

既以“生气”的选择与维护为标帜，则形法之运用、理法之探索固当以此为鹄的加以转型。但也正因此标帜性诉求而导致术者颇糅传统形法的自然选择（或称“峦头”）与“图宅”的规划设计（或称“理气”）为一体，乃至相关文献所论的“峦头”“理气”之辨实当为一种假想的“伪辨”，如以“江西之法”（主于形势，原其所起，即其所止，以定位向，专指龙穴砂水之相配，而他拘泥在所不论）为峦头代表，而以“福建之法”（主于星卦，阳山阳向，阴山阴向，不相乖错，纯取八卦五星以定生克之理）为理气代表，循至于今，则前者多以“三合派”名之，而后者多以“玄空派”称之，其实二者皆融形理之法以论形法选择与理法规划设计，故清张心言《地理辨正疏·形理总论》特为指出：“不知峦头者，不可与言理气；不知理气者，不可与言峦头。”至清赵玉材（号九峰）《地理五诀》特揭地理之道的“三纲五常”说，盖可为唐宋近世转型以来形法选择要素的一个代表性表达：

> 三纲：一曰气脉为富贵贫贱之纲，二曰明堂为砂水美恶之纲，三曰水口为生旺死绝之纲。
>
> 五常：一曰龙，龙要真；二曰穴，穴要的；三曰砂，砂要秀；四曰水，水要抱；五曰向，向要吉。

这里的“向”其实有两个层次的意义，一是早期“既景乃冈”的“既景”层次，即明其南北四向之位；二是“相其阴阳”层次，即结合主体需求和山水形势而定位“图宅”取向，并对山水环境之不足加以补偏求弊（消砂纳水）。其前一层次的“向”与前述龙穴砂水并为传统形法范畴。至于或有“喝形”（如虾须蟹眼、卧牛翔凤、仙人舞袖、九龙入海等）之论，亦仅为即景取象以便居者的理解记忆和心灵投射而已，乃宅葬环境意义赋予的一种方便做法，非别有更多的学理意义。

至于第二层次的取向，则属于传统的宅葬规划设计范畴，故也兼括最后的“补偏救弊”（消砂纳水），是为风水理论诸家流派的特征所在。要之，如今影响最巨的三合法，其兼山五行之理的渊源盖出于“六壬”栻法，而玄空之九星飞宫，固与“遁甲”栻法有着不可分割的关系。至于建筑空间的布局与建筑小品的营造，除了自然环境的调适和使用功能的考量外，其“设计理念”的主要依据亦多取法于拟数占的数理宇宙论和拟象卜之结构宇宙观，由此以营造一个符合天地人“相参”的个体、群体乃至天神、地祇、人鬼的宜居空间。

余论：传统地理法的礼术功能

元毕履道在《图解校正地理新书序》中云：“宅葬者，养生送死之大事也。”清蒋平阶又于《地理辨正》自序中申云：

> 通三才之道曰儒，故天官、地理，皆学士家穷理之本业；而象纬之

学，正三统、测灾祥，属有国家者之事。独地理为养生送死生民日用所急，孝子慈孙尤不可以不谨，宋儒朱、蔡诸贤间有发明，见于性理书中者班班可考。

与礼术的其他诸法相比，地理法之功用主要集中在为人们的存在空间提供选择依据，此不仅包括个体乃至群体生存的居住、工作及公共空间选择和营建，亦包括对传统生命理解与终极关怀中的神圣空间与幽冥空间的选择和营建。时至今日，风水作为一种礼术，在民间卜居择葬中仍占有重要的地位，人类学家庄孔韶先生甚至把风水师这类人看作“最后的乡村儒家”，并以其所做的田野调研为例云：

在黄村山谷，每当新屋落成的宴会上，总要把风水先生、木匠和泥瓦匠待若上宾，在座次上风水先生居中央，这是象征在他的领导下，为一个新家庭命卦确定住宅方向，整合天地人和谐的空间。人们完成了天时（吉日）、地利（好风水）、人和（欢聚一堂）的伟大的文化综合，人们由此获得的天地人象征符号的感应（有风水先生操演），履行天地人社会之和谐的宇宙认知观念，正是人生的目的。（《“金翼”黄村山谷的风水实践》，《民俗研究》1999年第4期）

此虽以阳宅为说，然风水文化之理皆二宅兼通，而生民对阴宅的重视多较阳宅为甚。若《孝经》丧亲章即有“卜其宅兆，而安措之；为之宗庙，以鬼享之”之论，孟子更以为“养生者不足以当大事，惟送死可以当大事”（孟子·离娄下》），盖与“生宅”相比，“死墓”关乎终极归宿，最能激发生者的“生气”感应而成就其通天地人的生命境界吧。

（作者单位：浙江大学古籍所）

二十八星宿神怪（中）

徐传武　胡　真

10.女土蝠

女土蝠，二十八星宿神灵之一，属北方玄武七宿的第三宿。斗宿，和“七曜”之五大行星的土星相配，所配动物为蝠。蝠，即蝙蝠。《封神演义》第九十九回姜子牙封神前原名郑元，在万仙阵中阵亡，随后封神为女土蝠。东汉云台二十八将之著名将领骠骑大将军栎阳侯景丹，后人拟之为二十八星神的女土蝠。在《说岳全传》第一回中，女土蝠是个倒霉至极的角色，后来化作了残害忠良而被万人唾骂的秦桧的妻子王氏。因为在大雷音寺和众星宿聆听佛祖讲经之时听得入神：“正说得天花乱坠、宝雨缤纷之际，不期有一位星官，乃是女土蝠，偶在莲台之下听讲，一时忍不住撒出一个臭屁来。我佛原是个大慈大悲之主，毫不在意。不道恼了佛顶上头一位护法神祇，名为大鹏金翅明王，眼射金光，背呈祥瑞，见那女土蝠污秽不洁，不觉大怒，展开双翅落下来，望着女土蝠头上，这一嘴就啄死了！那女土蝠一点灵光射出雷音寺，径往东土认母投胎，在下界王门为女，后来嫁与秦桧为妻，残害忠良，以报今日之仇。”《西游记》第六十五回：“角木蛟急唤：‘兄

弟们！怪物来了！’亢金龙、女土蝠、房日兔、心月狐、尾火虎、箕水豹、斗木獬、牛金牛、氐土貉、虚日鼠……各执兵器，一拥而上。”此处二十八星宿的次序，原书有误，“女土蝠”和“氐土貉”应该互换。（详参徐传武《〈西游记〉第六十五回一误》）

《水浒全传》从第八十三回“宋公明奉诏破大辽”，至第八十九回破辽成功，曾写到辽国的“十一曜星将”之一的辽国统军元帅兀颜光麾下的二十八星宿将军，列在第十位的就是女土蝠俞得成。他曾与梁山好汉交战，惨遭失败（详见《水浒全传》第八十七回、第八十九回）。在袁阔成的《水泊梁山》中，也写到幽州二十八宿之女土蝠俞得成，但他的身份已经变化，成了高俅重金聘请的擂官，协助“擎天柱”鲍闻和“生铁佛”崔道成设立“神州擂”，和天下英雄作对。他也武艺高强，在擂台上赢过不少好汉，但最终惨败。“神州擂”被破后，幽州二十八宿也作鸟兽散。

11.虚日鼠

虚日鼠，二十八星宿神灵之一，属北方玄武七宿的第四宿。它是秋天的代表星座，又名“天节”，因其附近有哭星、泣星、败臼等星辰，颇有不祥之意。它和“七曜”的太阳相配，所配动物为鼠。《封神演义》第九十九回姜子牙封神前原名周宝，在万仙阵中阵亡，随后封神为虚日鼠。东汉云台二十八将之著名将领虎牙大将军安平侯盖延，后人拟之为二十八星神的虚日鼠。《西游记》第六回，写木叉奉菩萨之命，协助征讨大闹天宫的孙悟空，“早有虚日鼠、昴日鸡、星日马、房日兔，将言传到中军帐下”。《西游记》多次写到虚日鼠同二十八星宿其他神灵一起的行动。

《水浒全传》从第八十三回“宋公明奉诏破大辽”，至第八十九回破辽成功，曾写到辽国的“十一曜星将”之一的辽国统军元帅兀颜光麾下的二十八星宿将军，列在第十一位的就是虚日鼠徐威。他曾与梁山好汉

交战，惨遭失败（详见《水浒全传》第八十七回、第八十九回）。在袁阔成的《水泊梁山》中，也写到幽州二十八宿之虚日鼠徐威，但他的身份已经变化，成了高俅重金聘请的擂官，协助“擎天柱”鲍闻和“生铁佛”崔道成设立“神州擂”，和天下英雄作对。他也武艺高强，在擂台上赢过不少好汉，但最终惨败。“神州擂”被破后，幽州二十八宿也作鸟兽散。

12.危月燕

危月燕，二十八星宿神灵之一，属北方玄武七宿的第五宿。居玄武尾部，因为战争中，断后者常有危险，故此而得名“危”。危者，高也，高而有险，故危宿多凶。在实际天空之中，危宿所占范围很广，不过星光并不太明亮。附近的星座均为一些不光亮的星座，故而，危宿与虚宿并列为秋天肃杀的星群，和“七曜”的月亮相配，所配动物为燕。《封神演义》第九十九回姜子牙封神前原名侯太乙，在万仙阵中阵亡，随后封神为危月燕。东汉云台二十八将之著名将领左曹合肥侯坚镡，后人拟之为二十八星神的危月燕。《西游记》多次写到危月燕同二十八星宿其他神灵一起的行动。

《水浒全传》从第八十三回“宋公明奉诏破大辽”，至第八十九回破辽成功，曾写到辽国的“十一曜星将”之一的辽国统军元帅兀颜光麾下的二十八星宿将军，列在第十二位的就是危月燕李益。他曾与梁山好汉交战，惨遭失败（详见《水浒全传》第八十七回、第八十九回）。在袁阔成的《水泊梁山》中，也写到幽州二十八宿之危月燕李益，但他的身份已经变化，成了高俅重金聘请的擂官，协助“擎天柱”鲍闻和“生铁佛”崔道成设立“神州擂”，和天下英雄作对。他也武艺高强，在擂台上赢过不少好汉，但最终惨败。“神州擂”被破后，幽州二十八宿也作鸟兽散。

13.室火猪

室火猪，即室宿，二十八星宿神灵之一，属北方玄武七宿的第六宿。因

其星群组合像房屋状而得名“室”（像一所覆盖龟蛇之上的房子），室和壁是相连的两宿，古有营室、东壁之称。营室原为四星，成四方形，有东壁、西壁各两星，正如宫室之象。房屋乃居住之所，其后东壁从营室中分出，成为室、壁两宿。曾侯乙墓漆箱盖上称这两宿为西萦与东萦。东壁、西壁四星，就是著名的飞马座四边形。室宿一和室宿二是西壁，也称为定，《诗经·豳风》：“定之方中，作于楚宫。”春秋时期，室宿在秋末冬初的傍晚出现在南方中天，此时是农闲时节，人们利用这段时间建造房屋为冬天作准备，因此有营室之称。营室乃人之所需，故室宿多吉。它和“七曜”之五大行星的火星相配，所配动物为猪。《封神演义》第九十九回姜子牙封神前原名高震，在万仙阵中阵亡，随后封神为室火猪。东汉云台二十八将之著名将领东郡太守乐光侯耿纯，后人拟之为二十八星神的室火猪。《西游记》多次写到室火猪同二十八星宿其他神灵一起的行动。

《水浒全传》从第八十三回“宋公明奉诏破大辽”，至第八十九回破辽成功，曾写到辽国的“十一曜星将”之一的辽国统军元帅兀颜光麾下的二十八星宿将军，列在第十三位的就是室火猪祖兴。他曾与梁山好汉交战，惨遭失败（详见《水浒全传》第八十七回、第八十九回）。在袁阔成的《水泊梁山》中，也写到幽州二十八宿之室火猪祖兴，但他的身份已经变化，成了高俅重金聘请的擂官，协助“擎天柱”鲍闻和“生铁佛”崔道成设立“神州擂”，和天下英雄作对。他也武艺高强，在擂台上赢过不少好汉，但最终惨败。“神州擂”被破后，幽州二十八宿也作鸟兽散。

14.壁水貐

壁水貐，二十八星宿神灵之一，属北方玄武七宿的第七宿，居于室宿之外，形如室宿的围墙，故而得名为壁。墙壁，乃家园之屏障，故壁宿多吉。它和“七曜”之五大行星的水星相配，所配动物为貐。貐，是一种鼻子翘起，

有利爪，形似狐狸的动物，叫猪貛。《封神演义》第九十九回姜子牙封神前原名方吉清，在万仙阵中阵亡，随后封神为壁水貐。东汉云台二十八将之著名将领城门梭尉郎陵侯臧宫，后人拟之为二十八星神的壁水貐。《西游记》多次写到壁水貐同二十八星宿其他神灵一起的行动。

《水浒全传》从第八十三回“宋公明奉诏破大辽”，至第八十九回破辽成功，曾写到辽国的“十一曜星将”之一的辽国统军元帅兀颜光麾下的二十八星宿将军，列在第十四位的就是壁水貐成珠那海。他曾与梁山好汉交战，惨遭失败（详见《水浒全传》第八十七回、第八十九回）。在袁阔成的《水泊梁山》中，也写到幽州二十八宿之壁水貐成珠那海，但他的身份已经变化，成了高俅重金聘请的擂官，协助“擎天柱”鲍闻和“生铁佛”崔道成设立“神州擂”，和天下英雄作对。他也武艺高强，在擂台上赢过不少好汉，但最终惨败。“神州擂”被破后，幽州二十八宿也作鸟兽散。

15.奎木狼

奎木狼，二十八星宿神灵之一，属西方白虎七宿的首宿，和“七曜”之五大行星的木星相配，所配动物为狼，也属于四木禽星之一。《封神演义》第九十九回姜子牙封神前原名李雄，在万仙阵中阵亡，随后封神为奎木狼。东汉云台二十八将之著名将领捕虏将军杨虚侯马武，后人拟之为二十八星神的奎木狼。在《西游记》中，奎木狼是二十八宿里着墨最多的，也是性格特别鲜明的一个神怪。《西游记》第二十八回至第三十一回中，写他曾下界在宝象国波月洞，化身为黄袍怪，居住在碗子山波月洞。原是天界奎木狼，法力无边，武艺高强，因与披香殿侍香的玉女相爱，思凡下界占山为怪，摄来托生为宝象国公主百花羞的玉女，与之做了十三年的夫妻。唐僧师徒西天取经路过碗子山时被黄袍怪抓住，八戒与沙僧不敌黄袍怪，危急之时百花羞放走师徒三人。之后，八戒沙僧受宝象国国王所托，为营救公主再战黄袍怪，不敌。黄袍怪遂怀恨在心，到宝象国佯称自己是驸马，并将唐僧变成猛虎诬其为妖怪。白龙马伪装成宫女刺杀黄袍怪受伤，遂求八戒寻回孙悟空，打跑了黄袍怪。孙悟空寻他不着，上天界求助。玉帝令四大天师查勘，方知是奎星下凡，遂命二十七宿星员收他上界。后在西天取经路上，奎木狼官复原职，与孙悟空不计前嫌，曾大战小雷音寺，擒捉犀牛怪。做黄袍怪时，奎木狼曾经啃吃一宫娥，真也够生猛残忍的。

《水浒全传》从第八十三回“宋公明奉诏破大辽”，至第八十九回破辽成功，曾写到辽国的“十一曜星将”之一的辽国统军元帅兀颜光麾下的二十八星宿将军，列在第十五位的就是奎木狼郭永昌。他曾与梁山好汉交战，惨遭失败（详见《水浒全传》第八十七回、第八十九回）。在袁阔成的《水泊梁山》中，也写到幽州二十八宿之奎木狼郭永昌，但他的身份已经变化，成了高俅重金聘请的擂官，协助“擎天柱”鲍闻和“生铁佛”崔道成设立“神州擂”，和天下英雄作对。他也武艺高强，在擂台上赢过不少好汉，但最终惨败。“神州擂”被破后，幽州二十八宿也作鸟兽散。

（作者单位：山东大学儒学高等研究院）

《红楼梦》究竟写的是什么故事

——隐藏真事揭谜（下）

童正伦

三、《红楼梦》所隐本事究竟是什么

（一）解开《红楼梦》的条件

要读懂《红楼梦》还原作者之旨意，随意漫解是绝对不行的，需要具备一定条件。

1.需把握总体故事与主题。总体认识把握是解开所隐的道路方向。必须从总体上去弄清写的是什么故事，仅取书中一鳞半爪、只言片语来解释是不可能解通的，总体上把握不准，个别的解释上无不出现乱猜一气的。对全书的解释必须使主题与内容连贯一致。众人都能悟到“红楼梦”隐朱楼梦，“悼红轩”义悼明，但具体解说则游离此义，自然未能说通。

2.需理解《红楼梦》《石头记》《情僧录》《风月宝鉴》《金陵十二钗》五个书名的含义。作者赋予本书五个书名是精心设计的，含有深刻意蕴，是对全书内容的高度概括，明其题则书写何事也明，而不符题目的解索都是跑题，更有甚者，全然不顾书名之义，自说一气，以书注我。

3.需吃准书隐写方法。作者称“隐去真事”用“假语”来隐写，要读懂所隐真事，必须要读懂作者用的是什么假语方法。可笑的是，今主流红学却把用中国传统的语言文学表达方法来解释清代早期的小说讥蔑为“旧的”“附会的”“非科学”的方法，而用所谓现代的、西方的、“科学的”方法来读《红楼

梦》，犹如拿听筒把脉、用手术刀解经络。究竟是今人要去顺应作者的写作方法呢，还是要作者来削足来适新红学家之履呢？方法问题是解《红楼梦》的基本问题。“解铃还须系铃人”，作者用什么方法来写的，还得用什么方法来解，才能读懂和解开《红楼梦》。索隐派中没把握准所写方法的尚且无法解开作品，更何况反对用传统方法来解之人了。

4.需领会辨析脂批注释。对于脂批，有奉为圭臬者，也有视若敝屣者。脂砚斋、畸笏叟等是作者创作《红楼梦》的同伙，是书的注解批评提出修改以及最后传世者，其重要性不言而喻。全书无尾，结局脂批中多补出。固然脂批注解有对有错，但万万别以为脂批不懂原书之意，而是故意“曲解”，用意在掩饰书中犯禁内容。脂批是解开《红楼梦》的主要钥匙。

5.需熟悉明末清初历史，尤其是南明历史。《红楼梦》之义，作者在书中明确告知是“朱楼梦”，也即隐示书写的是明亡痛史，所以目的是要“悼红”。不熟悉晚明史，怎么能解开《红楼梦》故事内容呢？故事内容不释出，又怎能证明朱楼梦主题呢？

6.需端正学风。红学本是学术研究，不同观点的争执本是正常的。“学术乃天下公器”，任何说法观点都应允许其说，只要言之有据。若学术堕入门户派别之争，学术则已变味，也难集众之长，也难去己之短，而陷于口水之仗中。实事求是，是则取，非则去，不拘门户派别，不意气用事，唯理是尊，以理服人，是解开《红楼梦》之所需。唯学术态度正，方可言学术。

（二）“绛树两歌”“黄华二牍”的《红楼梦》

迄今的索隐论著或以为《红楼梦》写的是顺治皇帝言情故事，或以为写的是明清之史，皆有失偏颇，真正全面把握住《红楼梦》构思的是乾隆间的戚蓼生。其读《红楼梦》后发出惊叹：“吾闻绛树两歌，一声在喉，一声在鼻；黄华二牍，左腕能楷，右腕能草。神乎技也，吾未之见也。今则两歌而不分乎喉鼻，二牍而无区乎左右，一声也而两歌，一手也而二牍，此万万不能有之事，不可得之奇，而竟得之《石头记》一书。”戚氏看出《红楼梦》写的不是一部书，而是两部书，表面写的是情，背后写的是史：“其殆稗官野史中之盲左、腐迁乎？”此真是惊天之说！可以说戚蓼生是独具慧眼真正读懂了《红楼梦》。可惜的是其只是作了五百余字一序，未能留下更多的信息。

戚氏洞彻之说却遭到新红学派的蔑视及索隐派的忽视。《红楼梦》是否真的一书两歌二牍，这里来作研判。

1.《红楼梦》表面故事。《红楼梦》表面写的主要是一个“金玉缘”与“木石盟”宝钗与黛玉争宝玉婚姻的故事，这是所有读者显见的，这故事是虚构还是据实而写却形成对立派别。民国初王梦阮、沈瓶庵据清遗老说详细索证出此故事即是影写“清世祖与董鄂妃（董小宛）故事”，然否定此说的胡适并未举出《红楼梦》不是“清世祖与董鄂妃故事”的证据，只是提出董鄂妃不是董小宛。究竟《红楼梦》写的爱情故事是否写的是“顺治帝与董鄂妃故事”以及《红楼梦》中林黛玉是否写的是董小宛问题，不妨来作论证。

《红楼梦》故事：从黛玉进京投奔“外祖母”写起，与宝玉一见如故，两人同吃、同住，情投意合。接着宝钗为“选妃嫔”进京，于是为争夺宝玉成了黛玉竞争对手。黛玉是明争，宝钗则是暗夺。宝玉周旋两人之间，钦慕二人的美貌才华，但始终是真爱黛玉而非宝钗。然在婚姻不能自主而决定权在家长之手的年代，最终贾母为宝玉选择了宝钗，宝钗“好风凭借力，送我上青云”了。此后原书删去了结尾，但从书中钗册预示的结局以及脂批所补中知道宝玉难违长命，不得不与宝钗成婚，金玉缔缘，木石难盟。但宝玉始终眷恋黛玉，“空对着山中高士晶莹雪，终不忘世外仙姝寂寞林”，在黛玉病亡后毅然为情抛家出走为僧。顺治帝婚姻故事：顺治立后两次，元后为其幼时由执掌大权的摄政王多尔衮所聘科尔沁卓礼克图亲王吴克善女博尔济吉特氏，顺治八年清世祖亲政后成婚，因与元后个性不合及多尔衮为其所定，便坚意废后，将其贬为静妃。接着孝庄又为其续后科尔沁贝勒绰尔济女博尔济吉特氏，然顺治帝倾心董鄂妃，想要再次废后而立董鄂妃为后。在孝庄反对与董鄂妃求情“千万勿废皇后”（《孝献皇后行状》）下，才未再次废后。后董鄂妃病死，顺治帝追其为皇后并予超格厚葬，又执意要出家为僧，并让茆溪森为其落发，此举遭孝庄反对，不久顺治帝驾崩。《红楼梦》故事与顺治帝故事两者竟何其契合。两者究竟是偶合还是即一回事，再作细辨。作者命《红楼梦》书名之一作《情僧录》，明告讲的是情僧故事。故事时间上是发生在天塌地倾的“末世”（明末），地点在京城。贾府的规模、陈设、典制、礼仪，牌坊上雕“龙蟠螭护”，宗祠悬挂“九龙金匾”“闹龙填青匾”

以及御书对联，无不是宫中描写；宝玉所穿秋香色服饰，头系“二龙抢珠金抹额”，皆非官民可用。大观园即“大官”之苑——西苑的化名。大观园在哪里？“芳园筑向帝城西”，作者在书中清楚交待了在皇宫的西面。为情而僧的只有顺治帝合得上，而身佩“通灵（令）宝玉”玉玺的宝玉不就是影皇帝吗？书中特号林黛玉“潇湘妃子”，直点其妃子身份；称薛宝钗“蘅芜君（国君）”，又其掣签是牡丹花，以花中皇后比宝钗；明示一是妃子一是皇后。最后宝玉有未出家为僧，尽管《红楼梦》结尾不存，书中写“空对着”薛，“终不忘”林，以及脂批补宝玉“弃而为僧”，加之名《情僧录》已十分明了，说明《红楼梦》写宝玉最终是出家为僧的，他人续的后四十回也写宝玉是出家为僧的。这足以证明《红楼梦》写的确是顺治帝与董鄂妃和皇后的情爱故事。顺治帝是否出家为僧的问题，尽管今人考证史实说顺治帝最后未出家为僧，而是死于出痘，但民间长期流传至今的是顺治帝死只是托言，实际上是到五台山出家为僧了。《红楼梦》即是依据民间传说所写，也可证明自清初以来一直有顺治帝出家为僧之说。

再来看《红楼梦》中黛玉的原型是董鄂妃还是董小宛。董小宛原是扬州八艳之一，冒襄得钱谦益之助将其赎出为妾，清兵南下后二人艰难逃亡，后董小宛病亡，冒襄写了《影梅庵忆语》纪念之。民间传说至今的说法是董小宛并未死亡，而是被清兵掠去，送入皇宫，被顺治帝看中迷恋，封为贵妃，董鄂妃即是董小宛。此是否符合历史是史学研究之事，《红楼梦》写的是否董小宛需弄明白。董鄂妃是满洲人，董小宛是苏州籍，而书上明写黛玉是苏州籍，从江南扬州由贾雨村“护送”进京的，黛玉影谁，作者所写是显见明确的。作者还专笔写了黛玉前身是生长在“西方灵河岸上三生石畔”的绛珠草。作者写前身有何用意？其实这是用隐写的笔法交待黛玉的前身。“草”指千里草，即“董”字，“绛株”即降生朱明之意，指其为汉人。“西方”指佛家中的天堂。“上有天堂，下有苏杭”，苏州有人间天堂之称。“灵河岸上”，小宛即住在临半塘河岸上。“三生石畔”，“三生石”在杭州天竺，苏州在杭之畔。“三生”，小宛父母育养为一生，病沉冒襄救其半塘河岸出青楼为二生，清兵掠而不死为三生。因要报答神瑛侍者（圣印使者）“久延岁月”“灌溉之恩”，便愿跟随使者一起去以泪相还，“终日游于离恨天外”，此正是董小宛被迫随清兵北上离别之恨写照。作者将黛玉的前身是谁用隐写交待得很清楚了，也是写其前身缘由。黛玉投奔之“外祖母”，实外主之母义，即孝庄。甲戌本作“荣国府收养林黛玉”，脂砚斋对“收养”批到“二字触目凄凉之至”。“收养”之词正符合董小宛身份。可以得出结论，《红楼梦》不光写的是顺治帝与董鄂妃故事，而其中黛玉写的是汉人董小宛而非满人董鄂妃，王梦阮、沈瓶庵的说法是正确的。《红楼梦》是据民间传说故事来写的，作者也说明本书是“野史”。然而可悲的是，现实中王、沈《红楼梦索隐》蒙诟百年，屈过贾谊，冤比窦娥，真是应了书上所言“假作真时真亦假”。

王、沈的《红楼梦索隐》成功破解了书表“情僧”故事，但其只是释出了部分故事，还不完善，还存在不少错误。“情僧”顺治帝之婚姻“金玉缘”尚不只此钗黛争后，婚姻中还有被废前后历史。此在《红楼梦》中也有涉及，即“金麒麟”史湘云。《红楼梦》“金玉缘”中持金信物的不光是宝钗的“金锁”，还有史湘云的“金麒麟”，作者设计一对“金麒麟”当然不会与“金玉缘”无关。“金麒麟”的含义是金其邻，指的是金国之邻的蒙古，顺治帝元后是蒙古科尔沁亲王之女，是孝庄的侄女，故书中冠其姓史与史太君（况孝庄）同姓。作者在书中对其穿戴点出其“小骚达子”，即指蒙古人。“湘云”，义像云易散，含其命运结局。其丫鬟名“翠缕”，即脆侣，也是衬其婚姻不到头。湘云出场称宝玉为“爱哥哥”，也是作者精心特笔，是点出其身份与宝玉关系。“爱哥哥”还有另一层意思，近年新发现的抄本癸酉本此处有一条脂批“此言不假，本朝有姓爱的”，即“爱新觉罗”，点出宝玉姓“爱新觉罗”。此自然受到黛玉的讥刺。湘云后也还击其是“戏子”，嘲讽其秦淮身世。元后为多尔衮所定之亲，书中专门在“清虚观打醮”一回写“张道士”（扮多尔衮）向贾母为宝玉（顺治帝）订亲，贾母也答应其事，张道士送宝玉“金麒麟”，宝玉收下了，即是隐写多尔衮为顺治帝订亲。“因麒麟白首双星”一回又专写成婚与废后。湘云来怡红院，带来戒指，袭人道她“大喜了”，湘云“红了脸”“害臊了”。湘云拿出捡到的宝玉“金麒麟”，一对公母麒麟相会象征结合完聚。接着湘云劝宝玉“谈谈仕途经济学问”，宝玉怒道“姑娘请别的姊妹屋里坐坐”，即是象征将其贬入别宫之义，这里还专门用了“生分”一词，最后宝玉要回了自己的金麒麟。“因麒麟”，即姻麒麟。

“双星”，即牛郎织女星。“白首双星”，义婚姻不到头。作者在标题中已将这对麒麟婚姻最终分离意思说得一清二白。这是顺治帝的另一段“金玉缘”，也是设计金麒麟的缘由。如此才与书名《情僧录》相匹，作者是以完整之史来写的。

2.《红楼梦》书里所藏本事。《红楼梦》是否即是写情僧故事？从作者书上所言“本意原为记述当日闺友闺情”“使闺阁昭传”“大旨谈情”，确实是写了一个旷世之情故事。但是作者在第一回介绍成书经过后所题一五绝中写道：“满纸荒唐言，一把辛酸泪。都云作者痴，谁解其中味？”“都云作者痴”，人们都会以为作者写的是一个痴情故事；“谁解其中味”，谁能解出其中的别味？作者答案是否定的，告示《红楼梦》真意并不是为写情，写情之外还另有真味！脂批也道：“托言寓意之旨，谁谓独寄兴于一‘情’字耶！”那么，此情外真味究竟是什么？

《红楼梦》有一个独特现象是有五个书名。《情僧录》只是空空道人所定书名，而作者自己所定本书名叫《石头记》：“故将真事隐去，而撰此《石头记》一书。”《石头记》是何含意，与书内容有何关系，需弄明白。书所记的是一块“石头”故事，这不是一块普通的石头，而是能“补天”之石：正方形，又化作了可拿可配的玉，“莹润如酥，五色花纹缠护”，“上头还有现成的眼儿”，上面被刻上了“莫失莫忘，仙寿恒昌”八字，与传国玉玺所刻“受命于天，既寿永昌”八字形义相同，石头被命名为“通灵宝玉”。如此一来，众人早就看出此石头影写的是传国玉玺。称其为“宝玉”，“宝”是大宝，皇印称大宝；“玉”是玉玺；“通灵”是通令的隐写。《石头记》含义即是记传国玉玺。作者以这块“通灵宝玉”来作男主人公宝玉之名，用意在将其比作皇印。再看钗黛姓名的含义。薛宝钗：姓薛，书上有释“金簪雪里埋”，雪谐薛，指代长白山，即金清之乡；宝，大宝；钗，拆开为又金，即后金。宝钗金锁也有八个字“不离不弃，芳龄永继”，称与宝玉形成一对，故薛宝钗之名隐义是“后金之宝”。其丫鬟名金莺（印），是对宝钗的注解。林黛玉：姓林，《路史》称“殷比干子避难长林之山，因氏焉”；林姓始祖为商代忠臣比干，书中将黛玉以比干作比“心较比干多一窍”，故林即表忠臣之姓。黛玉，即代玉（己卯本、庚辰本上多作代玉，非别字，乃本字）。代，代理；玉，玉玺。代玉，即代理政权。北明灭亡，国玺已失，南明建立弘光等政权监国，“铸金玺代玉”（《明季南略》），因非正统继位，只是代理政权，故取其名代玉，林黛玉之名含义即况南明抗清之士。从三主角一为皇印、一代表金、一代表明的设计，可知宝钗与黛玉争宝玉，即是明清争政权。黛玉纤弱，宝钗丰满，黛败钗胜，即是明亡清兴历史的写照。黛玉丫鬟紫鹃（啼血杜鹃）、雪雁（雪中哀鸿）则是衬黛玉。再看“金玉良缘”与“木石前盟”故事的含义。金指宝钗，玉指宝玉，此“金玉”隐藏的含义是指后金与玉玺。金玉缔缘，义金清摘取了明朝政权。“木石前盟”，木指黛玉，石指宝玉，作者不作“草玉之盟”“草石之盟”“木玉之盟”“玉玉之盟”，在于取义：木与篆体石字前半部分“厂”合一起成“朱”字，此源于《推背图》上明朝图“一树上挂一曲尺”表朱字，即义朱明之盟。结果木石难盟，义南明终难挽回朱家皇朝。从作者对主人公取名和故事内容的设计，可以看到作者在写表面情爱故事的背后蕴藏着真正目的，即写明亡历史。

书所写分北明与南明两部分。自满洲兴起写起，经葫芦（胡虏）庙引发之战火，“将一条街（边界）烧得如火焰山一般”；秦钟（影李自成）、金荣（影金清）大闹学堂，秦可卿（况北京、崇祯帝）因而得病；贾瑞、小红（影洪承畴）迷恋凤姐而转投凤姐，松山之战明军主力尽失；秦可卿上吊，北明灭亡。薛蟠（吴三桂）与冯渊（李自成）抢英莲（陈圆圆）进京，王熙凤（多尔衮）“协理宁国府”（掌管紫禁城），为可卿办理丧事（举行国葬）。元、迎、探、惜四春影南明。元春册子：“二十年来辨是非，榴花开处照宫闱。三春争及初春景，虎兔相逢大梦归。”此二十年指南明，崇祯十七年（顺治元年）五月弘光政权在南京建立，至桂王朱由榔、鲁王朱以海康熙元年亡，郑成功康熙元年（虎年）奔台湾，二年（兔年）逝，正是二十年。张煌言诗：“义帜纵横二十年，岂知闽统属于阗！湘江只系严光鼎，震泽难回范蠡船！生比鸿毛犹负国，死留碧血欲支天。忠贞自是人臣事，何必千秋青史传！”（引自《明季南略》）温瑞临《南疆逸史序》：“昔吾友万子季野方辑《明史》，语余曰：‘鼎革之际，事变繁多。金陵、闽、粤播迁三所，历年二十。遗事零落，子盍辑而志之。’”“虎兔相逢大梦归”即是红（朱）楼梦归时。设元春生于大年初一，正是朝代年号建立之日。探春影唐王政权，迎春影桂王政权。书七十九、八十回以“迎春误嫁中山狼”孙绍祖、“懦弱迎春肠回九曲”结束。历史上明桂王政权最后坏在张献忠余部首领孙可望之手。孙可望投明前提是封其秦王，目的在挟天子以自大。在失去江西、湖南、两广后，桂王被迫接纳并封孙可望为秦王，而孙可望称王后则将桂王软禁在贵州安龙府，让其受尽屈辱，随即又投清反明，使得南明最后一个政权灭亡。“子系中山狼，得志便猖狂”的孙绍祖即影孙可望。书至八十回遭腰斩戛然而止，从第五回诸册提示及脂批补出，可知探春远嫁海外，“一片大海，一只大船，船中有一女子掩面泣涕之状”，“清明涕送江边望”，此“清明”非指清明节，而义清明朝之际，“一帆风雨路三千，把骨肉家园齐来抛闪”，此即影郑成功投奔台湾。书中写探春掣的签是“杏花”，即谐“姓华”，注文是“日边红杏倚云栽”，红杏即朱姓，唐王赐郑成功为国姓，众人道“难道你也是王妃不成”，郑成功正是延平王。甄宝玉送玉，南明政权投降。黛玉病衰而亡，抗清忠士败亡。三春，影南明弘光、隆武、永历三政权。“三春过后诸芳尽”，“三春事业付东风，明月梅花一梦”。惜春况明亡朱氏后裔出家为僧。书以“情榜”结束，则是表忠烈奸邪列传。

《红楼梦》之谜基本可以揭开了，其书诚如作者所言是“实录其事”的隐书，并且是写了两部书：表面一书明写的是顺治帝情僧故事，宝钗与黛玉争宝玉（争后）；里面一书暗写的是明亡历史，明与清争国玺（争政权）。原书所定两书名《情僧录》《石头记》即是所写明暗两书之名。脂批也一再告知“此书表里皆有喻也”，“观者记之，不要看这书正面，方是会看”，点明写的是两部书，而真正用意所在之书是里面之书。此即是其中之真味！

南明虽作抵抗，然无奈夕阳坠落，残霞消退，江山易主。忠明志士或寄居山野，或遁迹缁流，或隐逸林下，以笔易枪，为明作史，整理文献，总结亡因，表志诗文，继续在文化领域中进行不屈的抗争。《红楼梦》即是以小说来悼明反清的一部作品。作者以明亡历史为题材来表忠明之意，自然不能直写，故只能采用暗写隐写，托物寄情。既因担心被人识破，又因“市井俗人喜看理治之书者甚少，爱适趣闲文者特多”，于是借当时社会盛传顺治帝情恋故事为表来掩饰写史，以“金玉缔缘”“木石难盟”的巧妙设计，将情争与史争捏合，托写史于写情，达到一书二写。此应是作者创作《红楼梦》一书的目的与构思。

其实对本书真“味”写的是什么，在作者留下的绝句中已作答案：“满纸荒唐言。”切不要认为此“荒唐”是荒谬词义，而是大荒与汉唐二词。“大荒”，《山海经·大荒北经》：“大荒之中有山，名曰不咸，有肃慎氏之国。”不咸山，即长白山。《钦定满洲源流考》：“古名不咸山，亦名太白山，亦名白山，亦名徒太山，亦名太末山，其名长白山则自金始也。”此肃慎即是满金之祖。大荒，即是指满族金清。唐，唐人，华人，指汉明。《明史·真腊传》：“唐人者，诸蕃呼华人之称也。”明清即是华夷之别。“满纸荒唐言”，隐意即全书写的是清朝与汉明之事。如此方能与下句“一把辛酸泪”文义相贯释通。又《红楼梦》之义今人多释红楼女子之梦，而作者在书中揭示的答案是朱楼梦——“昨夜朱楼梦”。众多的谜底作者都写在书中。

其他书名含义。《风月宝鉴》，书表风月指男女之情，特写贾瑞（影洪承畴）迷恋凤姐（孝庄）之色而亡身（投敌而名亡），以示风月之鉴；书里风月指清风明月，是明清历史殷鉴。“清风虽细难吹我，明月何尝不照人”（吕留良），清初世人如此作比。后人总结明亡原因称“明之亡，实亡于神宗”。（《明史·神宗》）万历帝因宠幸郑贵妃而“从此君王不上朝”二十余年，致使朝政溃乱，社会百病滋生。其从祖正德帝沉湎女色，养溺娈童，到处猎艳渔色；其父隆庆帝唯嗜声色，依恃春药，皆三十余皆亡。其祖嘉靖帝则迷于道教金丹，长期隐居西苑，由奸臣当道；其孙天启帝嬉玩工匠，被阉宦专权。崇祯虽勤政简朴，欲振中兴，然积弊已重，颓势难挽，内乱外患，明厦轰然倾圮。南明弘光帝荒淫昏庸更超列祖，国难当前，则“深居禁中，唯渔幼女，饮火酒，杂伶官，演戏为乐”（《明季南略》）。顾炎武评：“嗣主淫昏，耽于酒色，权奸执国。”（《圣安纪略》卷下）秦可卿（影崇祯帝）原书写成“淫丧天香楼”，也是写其由淫而丧，后改成病亡。皇帝醉于声色，耽于后宫，而怠朝政，致使或权臣结派，或太监把朝，严嵩、魏忠贤、马士英等辈则出，此盖题《风月宝鉴》之由。《金陵十二钗》，“金陵”书中多义为金之皇陵，指后金。“十二”合为王字，即清王传，与秦淮八艳无关。《情僧录》表指顺治帝故事，里含清僧录，也是清王传。五个书名，义则相同，从不同角度归纳揭示了书的内容。其中当以《红楼梦》最恰，甲戌本《凡例》称“《红楼梦》是总其全部书名也”，《红楼梦曲》道“因此上，演出这怀金悼玉的《红楼梦》”。此正是作者经历的明亡天塌末世历史之梦幻。脂砚斋坚持用《石头记》一名，盖取其名较隐晦中性，不易被人从书名看破所写内容，而《红楼梦》之名则易联想到“朱楼梦”，要知书是成于朱家皇朝灭亡之清初。《红楼梦》是隐名，可译作明末演义。

3.《红楼梦》主题。当弄清《红楼梦》所写内容真相后，主题也就水落石出了：

（1）怀金悼玉。此是作者所给出书旨。程甲、乙本作“悲金悼玉”。两者字不同义则一。此处“怀”义非怀念，而是伤怀，在本曲中作者有注“趁着这奈何天，伤怀日，寂寥时”。“悲”字太露，怕遭识破。“金”指宝钗和金清，“玉”指黛玉和明朝。“悲金悼玉”之义即如蔡元培所揭示的是“吊明之亡，揭清之失”，即忠明反清的政治思想。本书首句“此书开卷第一回也”则是《孝经》“开宗明义章第一”的仿写，点出本书主旨在“宗明义”。书中又写“除‘明明德’外无书”，此“明德”义明朝之德。忠明之旨表露无遗。“终不忘世外仙姝寂寞林”，是对已亡的明朝与忠烈的缅怀。书中对贾府聚麀、嫖妓、下嫁等乱伦丧礼丑行秽事痛加鞭挞。“爬灰的爬灰，养小叔子的养小叔子”，“除了那两个石头狮子干净，只怕连猫儿狗儿都不干净”，作者在书中骂尽贾家。

（2）为闺阁昭传。作者自言“因何而撰是书”，是“风尘怀闺秀”，为“闺阁昭传”。书中有两段有关女儿、男人、婆子之论，极其重要，非常关键，需弄明白。

> 女儿是水作的骨肉，男人是泥作的骨肉。我见了女儿，我便清爽；见了男子，便觉浊臭逼人。（第二回）
>
> 女孩儿未出嫁，是颗无价之宝珠；出了嫁，不知怎么就变出许多的不好的毛病来，虽是颗珠子，却没有光彩宝色，是颗死珠了；再老了，更变的不是珠子，竟是鱼眼睛了。（第五十九回）

为何赞女儿诋男人，又为何将女人分作嫁人前与嫁人后截然不同？其实索隐派众人多已大致感觉出其义。清末佚名《乘光舍笔记》释："书中女人皆指汉人，男人皆指满人。"（见《石头记索隐》）蔡元培释："书中女子多指汉人，男子多指满人。不独女子是水作的骨肉，男人是泥作的骨肉，与汉字满字有关也。"（《石头记索隐》）邓狂言释："水者，汉字左偏也；泥者，土也，吉林吉字之上段，黑龙江黑字之中段也。"（《红楼梦释真》第二回）景梅九释："达字从土头，故书中男子代表满人，汉字从水旁，故书中女子代表汉人。"（《红楼梦真谛·次论汉满明清》）这里诸人皆看出男人指满人、女儿指汉人，但为何作如此比呢？诸释还未说准。拙以为此说是从"虜"字而来。"虜"字，上虎头，下男，拆分即虎男，虎胡同音，故"虜"字，含虎（胡）男。胡虏为男，汉人则自然为女了。贬男褒女，即是憎清爱明。第二段语又将女人以出嫁和未嫁相分，含义为嫁了男人（况投降清朝）后的女人就变坏了，而未嫁之女则是清洁的。由此，《红楼梦》为闺阁昭传，则是为坚贞不屈、宁死不降之卫明忠烈作传，同时对吴三桂、洪承畴等贰臣类进行揭露为世作鉴。

（3）反对经济仕途。书中写宝玉不爱读书，其实宝玉反对的是读经济科举之书，而非其他之书，恨贾雨村之流，愤宝钗、湘云劝其走经济之路，骂热衷仕途之人为"禄蠹"，旨在呼吁明人不要为清朝之官。清朝用武力制服汉士人，但难以使其心归顺，遂以科举以及"博学弘儒"科来诱惑收买明遗老，引得部分热衷功名学人纷纷投考，此正是《红楼梦》作者针对时政强烈反对的。

4.隐写方式。《红楼梦》既要写忠明反清的明亡史事，又要托于顺治帝爱情宫闱故事，还要不为人们看破真实用意，如何糅合宫廷故事与历史故事的时空、情节、人物等关系，作者采用了戏剧方式来隐写；如此可以打破时间和空间，可以性别反串，可以打破年龄约束，可以多人扮一人或一人扮多人，同时还能不为他人识破，从而保护书和作者。书以葫芦庙贾雨村与隔壁甄士隐况金清与明朝，葫芦庙失火比战火，火后甄士隐归隐而贾雨村登场喻明败清兴。以甄贾（真假）宝玉影明清北京政权与南京的南明政权，钗黛既扮后妃又扮明清代表，史湘云既扮废后又扮抗清之士。甄士隐察看通灵宝玉、张道士请玉与众道士观看是示意此玉是传国玉玺，皆为戏剧象征手法。书中人物写明史则扮明人，言清史则扮清人，非拘于一人。书中用"风、雪、白、金、贾、鹿、芦、猴”多影清，以“月、玉、红、甄、梅、菊”多影明。具体隐写手法有：谐音法、拆字法、同义法、多义法、双声法、猜谜法、射覆法、绘画法，等等。不知道这些方法，是不可能读懂《红楼梦》的。除隐写方法之外，作者并非完全按时间顺序来写，而另用插叙、倒叙方式来打乱情节，让人迷惑而看不清晰。事实表明《红楼梦》作者此创是成功的，未被清严酷的文字狱识破，顺利保存了下来。汉明之士在武力上打不过清朝，却在文斗上取得了一场巨大胜利。

5.《红楼梦》作者。从《红楼梦》内容与主题思想可知，作者应是一位忠明遗民，而绝非曹寅家子孙。书完全隐去所写内容，作者当然也须隐去，书将原书作者托为“石头”，书中吴玉峰、孔梅溪、脂砚斋、畸笏叟等皆是假名，增删者“曹雪芹”也不可能是真名，只是与敦诚、敦敏之友曹雪芹姓名偶合而已。敦氏是和硕英亲王阿济格之后，《红楼梦》作者骂尽其家，怎么可能会是其好友呢？曹寅家食禄清朝，其子孙又怎么会反清骂其祖其父“禄蠹”呢？

至此，可以明白作者所说的“隐去真事”诚非虚言了，称是“亲自经历的一段陈迹故事”“一段梦幻”是何事了，为何会“哭成此书”“字字看来皆是血”了，为何要歌颂“女儿”而厌恶“婆子”了，为何要反对读书了。《红楼梦》所写何事、为何而写、何法来写该是昭白于世了，索隐派与别派谁是谁非问题也该得出结论了。以上仅是对《红楼梦》一书的整体概说，具体人物情节有待进一步详解。只要方向正确，方法对头，《红楼梦》中之谜绝大部分还是能够解开的。作者抱亡明遗民之心，为明亡这一血泪史、为明忠贞烈士谱写了一曲挽歌。作品构思鬼斧神工，一书二写，将传奇与小说笔法铸为一体，将诸文学体裁熔为一炉。语言出神入化，非但精准，且一语双关，看似信手拈来，实于自然中蕴匠心、平淡中具神奇。《红楼梦》可谓前无古人、今乏继者的千古奇绝之书，无愧为中国古代文学艺术的巅峰之作。

2017年冬于杭州尚实斋

（作者单位：浙江图书馆）

“若人言如来有所说法，即为谤佛”

——禅语的活力（九）

陈　坚

《金刚经》乃禅宗所尊奉的根本经典之一，在该经第二十一品（按鸠摩罗什译本，下同）“非说所说分”中，佛对须菩提说：

> 须菩提，汝勿谓如来作是念：“我当有所说法。”莫作是念，何以故？若人言如来有所说法，即为谤佛，不能解我所说故。须菩提，说法者，无法可说，是名说法。

佛在这里老婆心切地叮嘱须菩提千万不要以为如来——也就是佛有所说法，“若人言如来有所说法，即为谤佛，不能解我所说故”。翻译成白话就是，如果有人说我有所说法，那是在诽谤我，那是不理解我所说的意思。简直就是“语不惊人死不休”！说佛有所说法怎么会是诽谤佛呢？佛怎么会无所说法呢？佛如果无所说法，那么多佛经是哪儿来的？那佛还是佛吗？然而，白纸黑字，万众敬仰的《金刚经》确实是这么说的，而且类似意思的经文在《金刚经》中还有一处，那就是在第七品“无得无说分”中，须菩提对佛说：

> 如我解佛所说义，无有定法，名阿耨多罗三藐三菩提；亦无有定法，如来可说，何以故？如来所说法，皆不可取，不可说。

怎么可能佛所说法“皆不可取，不可说”呢？如果佛所说法“皆不可取，不可说”，那还要佛干什么？那还信什么佛？如果是其他宗教说佛所说法“皆不可取，不可说”，那还是情有可原，可以理解的，毕竟宗教之间有时会互拆对方的台，然而现在是佛教自己的经典在这么说，而且还是被世人看成是佛教形象“代言经”的千古流传的《金刚经》中说的，这可如何是好？这可不令人大跌眼镜？难道《金刚经》真的就是金刚不化的榆木疙瘩脑袋神经错乱了？我们这里不妨先做个比较，看看其他宗教是怎么处理同类性质的问题的。天主教中有个故事是这么说的，曰：

一位慕道者问修女：“耶稣在《圣经》里告诉人，要去变卖一切，施舍给穷人，他的意思是不是要我们舍弃所有的东西？”

修女听完这个问题，就给慕道者说了另一个故事：“从前有一个人总是很认真地聆听《圣经》里的话，有一天，他听见耶稣对他说的话，就像祂在《圣经》里对富少年所言：‘去！变卖你所有的，施舍给穷人，你必有宝藏在天上；然后来跟随我。’这个人听完耶稣的话愣了一下，心想自己既然寻求救恩，理所应当听从耶稣的话。于是，他第一个想到的是卖掉汽车，并且立刻把钱捐了出去。结果，聆听圣言时，他又听到耶稣对他说：‘你去变卖一切。’接着，他卖掉房子，也将钱捐了出去。耶稣却仍然对他说：‘你去变卖一切。’现在，他只剩下《圣经》，便将《圣经》卖掉，赚得的几块钱也施舍了。他再度聆听圣言，这回什么都没听到了。”

慕道者急切地问道：“我不懂这个故事，为什么这个人什么都没听到呢？”

修女回答说：“他什么都没听到，因为他连能够让他聆听到天主的东西都卖掉啦！其实，天主并没有要求我们，舍掉那些可以帮助我们更贴近祂圣心的事物。因为富少年所拥有的一切变成了‘偶像’，耶稣才要他去变卖一切。所以，我们要舍弃的一切，是那些阻碍我们走向天主的事物。现在，你应该知道自己要做什么了吧？先去弄清楚你所拥有的哪些东西帮助你接近天主，哪些东西会让你与天主隔绝。”（小雨《灵宝》，

载《圣神之光》2016年3月，第192期，第4版）

修女乃天主教的神职人员。修女对慕道者所讲的这个故事，其意思如果长话短说，那就是，耶稣要求人们舍弃世间的一切，什么都可以舍弃，唯独不能舍弃《圣经》，亦即不能舍弃上帝在《圣经》中所说的圣言。换言之，即除了上帝的言说，其他一切皆可抛弃。一如匈牙利著名诗人裴多菲（Petőfi Sándor，1823—1849）那首尽人皆知的诗“生命诚可贵，爱情价更高；若为自由故，二者皆可抛”所表明的，一切皆可抛弃，唯有自由不可抛弃。总之，无论是耶稣还是裴多菲，他们皆认为，人生总有一种东西需要我们去终极追求，哪怕是抛弃所有的一切，这种东西也不能放弃，这在耶稣叫“一神论”的终极关怀，在裴多菲叫“伟人论”的崇高理想。然而，回头看看佛教，《金刚经》中说，佛所说法皆不可取，连佛所说的法都不取，也就是说都要抛弃掉，那你还是佛教吗？佛教者，不就是要遵循佛所说的法吗？现在你把佛所说的法都抛弃了，那你佛教究竟要依何而行？简直令人不可把思！

表面上看来，《金刚经》“佛所说法皆不可取”之言论，确实匪夷所思，然而这是《金刚经》的真实思想。如果有人问《金刚经》究竟是讲什么的，那我可一言以答之，曰：《金刚经》就是讲“空”的；若两言而答之，则曰：《金刚经》是讲“空”的，而这种“空”就是“不著相”。不著什么“相”呢？《金刚经》第三品告诉我们，是不著“我相、人相、众生相、寿者相”之世俗“四相”。然而，《金刚经》从第五品开始直到最后的第三十二品，却是在大谈特谈不著我们往往视之为神圣的佛教本身之“四相”，即佛之相、佛法之相、境界之相和净土之相。从这个意义上来说，或者说，从文本的容量比例上来说，《金刚经》主要是在谈不著佛教一面之“四相”，而不是在谈不著世俗一面之“四相”。简单地说就是，《金刚经》主要是在谈不著“佛相”而不是在谈不著“俗相”，为什么要这样呢？道理很简单，执着于“俗相”，比如执着于权、钱、色等，到一定时候，或到了某个节点，我们一般会自我反思这样的执着到底对还是不对，若不对，就会自动放弃，不会迷信，即使好色之徒也不会迷信色。然而，一旦执着于“佛相”，人往往就会失去反思能力，以致越陷越深，难以自拔，这就是迷信，就是所谓的被洗脑了，“走火入魔”了。我就曾见过一些因信佛而“走火入魔”的人（这在其他宗教中也有），他们沉浸在自己所执着的“佛相”里，自以为是，自我陶醉，九头牛都拉不回来，非常可怕，比如有位我认识的佛学博士兼佛教信徒，作为一位佛学博士，他对佛教应该有一定的学术视野，但是他罔顾一些基本的佛教学术常识，也不遵守学术界公认的一些学术规范，以信仰代替学术，认为某某和尚讲的就是绝对真理，其他的都是邪法，都不是正知正见。他相信西方极乐世界之存在以及“轮回”之存在，这对于作为佛教徒的他是没任何问题的，因为佛教徒就应该这样认为，否则就不是佛教徒。他的问题是他把他自己所认同和信受的佛教看成是佛教的全部和佛教的绝对真理，并不问青红皂白地否定别人对佛教的其他看法和其他解释，这就是一叶障目，对佛教完全失去了一个佛学博士应该有的学术公心，这就麻烦大了，而且主要还是麻烦到他自己，别人又有什么关系呢？现在就是因为他在佛教上“走火入魔”，根本不听包括我在内的其他一切人的学术劝告，结果依信仰的路数既发不了CSSCI论文也申请不到课题，老大年纪了还依然是讲师一个，没评上副教授。本来，你如果是一个真正的佛教徒，那今年因缘不够没评上副教授，明年再继续努力呗，无有烦恼，心态阳光，只要不放弃，总是有一天能评上的。然而他又不，整天怨天尤人，牢骚满腹，说自己论文水平如何如何高，是杂志编辑不懂佛学对他有偏见不给发；或者说自己所申请的课题如何如何重要，是学校领导故意刁难他，不把他的课题申请推荐上去参评，如此云云。有一次，他把他的一篇自认为水平很高的佛学论文拿来给我看，请我推荐发表。我一看，真是不敢苟同，绝对持保留意见，但又不好说什么，因为，你如果说他水平不够、论文不行，他会说你根本不懂佛教，而且马上就会非常激动甚至生气地与你顶起来，要不就是一脸“呵呵”对你不屑一顾的样子。总之，在我看来，他执着于“佛相”实在是太深了，完全陷进去了，以至于九头牛都拉不回来。正因为执着于“佛相”比执着于“俗相”更难以克服和消除，所以《金刚经》才以更多的篇幅来开示如何不执着于“佛相”。但如果你对佛教的了解是全面的，那么你就会明白，这一点也不意味着《金刚经》或佛教就认为执着于“俗相”是可以容忍的。佛教讲的是一切都不能执着，而不是有的可以执着，有的不可以执着。如果你执着于俗，那就给你讲讲佛；给你讲佛的目的，是要你借助佛来破掉对俗的执着，然而我们一般人，一见讲佛，就执着于佛，这又不对了，这等于是“出了狼窝又入了虎穴”。在佛教看来，执着于佛与执着于俗同罪——禅宗“呵佛骂祖”就是基于这个道理。此外，禅宗还以“念佛一声，漱口三日”以及“百尺竿头，更进一步”等说法来警示和告诫人们千万不可执着于佛。

“百尺竿头，更进一步”本是一个成语，它在语文上的含义我不说大家也都知道。我这里要说的是，唐末五代时候有个叫长沙景岑（生卒不详）的禅师，他曾取意于“百尺竿头，更进一步”而写了如下一首禅偈，曰：

百尺竿头不动人，
虽然得入未为真；
百尺竿头须进步，
十方世界现全身。

一个人爬竿爬到了竿顶，坐在那里一动不动，高高在上，这应该算是达到终极目标了吧？不！景岑禅师可不这么认为，他说“虽然得入未为真”，即使爬到了竿顶也“未为真”，也还没有达到目的，所以你还得继续前进，“百尺竿头须进步”。你都爬到竿顶了，再往前进，还能上哪里去呢？很简单，再进一步不就是回到地上来了吗？你总不能一直坐在竿头不下来吧？你还得到地上来吃喝拉撒吧。在这里，景岑禅师是在以爬竿比喻学佛。所谓“竿头”，就是指佛。爬到竿顶还要下到地上来，意指学佛不能执着于佛下不来，最终还是要回到现实中来过现实的生活，还是要“十方世界现全身”，这“十方世界”就是我们芸芸众生所生活的世俗世界。曾有个佛教居士对我说起山东东营天宁寺住持清净法师的一个“公案”，挺有意思。话说有一次，某居士在清净法师面前“空”啊“有”的“法相”啊“唯识”啊大谈佛学，以为会获得后者的点赞，岂料清净法师给了他一个当头棒喝：“别佛里佛气，说人话！”“佛里佛气”乃是套用“流里流气”的说法，很是精彩。是呀，你一个居士，又不是研究佛学的学者，大谈什么佛学呀？好好把佛法落实到生活中就行了。是啊，对于一个不研究佛学的居士来说，佛法真的就在你当下的现实生活中，而不是在概念语词里。清净法师的这一呵斥就是为了消除这位居士对佛法的执着或可能会有的执着。话说到这里，大家就应该明白“若人言如来有所说法，即为谤佛”这句话的含义了吧？在《金刚经》中，佛对须菩提说“若人言如来有所说法，即为谤佛”就是为了消除须菩提以及我们后人对佛法的执着，而不是佛真的没有说法。佛一辈子都在为说法而忙碌，怎么可能没有说法呢？思之思之！

最后我想说个佛教关于不执着的著名比喻。佛教主张一切都不能执着，既不能执着于俗，也不能执着于佛，只有两边都不执着，才是真佛才是真解脱，这就好比河中有根木头，它要顺着河流奔向大海，怎么才能顺利地到达大海呢？很简单，就是两边河岸都不碰触不搁置。不管触搁在河的哪一岸，都会妨碍它到达大海，只有两边都不触搁不执着，才能顺顺利利直达大海。

（作者单位：山东大学佛教研究中心）

浅谈考据与阐释的“度”

刘天禾

今人阅读古典诗词，由于时代差异，可能会有一些隔膜，这就需要“考释”。作者、写作背景、疑难字词、用典，等等，如遇疑惑，则扞格不通；恰当考释，对我们正确理解古诗词，确有事半功倍之益。在这方面，前修时彦用力颇勤，屡有创获；但也有些古诗考释的论著存在明显的不足，集中表现在考据与阐释有失于“度”：部分考证过于琐屑；一些论证出自主观推论，没有确凿的材料支持；某些论著没有遵循艺术批评的一般规律来欣赏诗歌，而是以科学式考据的方法对诗歌进行评判，坐得太实。而且，类似“考释”，在当今古代文学研究界还很有市场。因此，对于古诗词应当如何考释，亟须展开讨论，正本清源，以规避歧途，引领正确的研究风尚。

古典诗词的鉴赏和研究确实需要考释，但考释应有个“度”，这个“度”就是坚守学术研究的基本规律：考据的材料与阐释的观点要趋于统一，更要合乎逻辑。度是什么？度是质和量的统一的范畴，是事物保持其质和量的界限、幅度和范围。考释不够，该说的没说到，没说透，那是走马观花，浅尝辄止，自然不行；如果考释过度，如清代桐城派领袖姚鼐所批评的那样，“言义理之过者，其辞芜杂俚近，如语录而不文；为考证之过者，至繁碎缴绕，而语不可了当”（《述庵文钞序》），同样也是文章大病。过犹不及，不及犹过，皆为失度。不过，纵观近世以来古诗考释之弊，总以“过度”居多。因此，本文讨论考据与阐释的“度”，主要还是说的“过度”。

一、考据失度

考据是对史实、典故、名物、文字等的考订、核查和辨正，在近现代学术史上具有优良的传统。钱穆曾说："惟考据乃证定知识之法门，为评判是非之准的。"对此，徐国利进一步解释："所谓考据，钱穆认为它首先是一种确证知识和是非的方法"，且"一门学问的建立必须重视明据确证，不然就无法立于不败之地"。（《钱穆的学术史方法与史识——义理、考据与辞章之辨》,《史学史研究》2005年第4期）前人所谓"论从史出""无征不信"，讲的都是考据的重要性。另一方面，考据要有"度"，特别是在古诗的鉴赏和研究中，考据如果"过度"，则有耽于沉湎、迷失本旨之嫌。有人指出，清代仇兆鳌的《杜诗详注》树立了一个考据适度的典范："将解释杜诗内涵（义理）、考证杜诗出处（考据）、解说杜诗章法（辞章）融为一体，集前代注杜评杜之大成，为全面评价杜诗作出了贡献，可称传统批评范式的典范。"（吴淑玲《〈杜诗详注〉集"义理""考据""辞章"的批评方法》,《杜甫研究学刊》2008年第1期）

但是，如果把握不好这个"度"，考据便会流于庸俗，结果不仅于诗意理解无补，还可能误导读者。早在20世纪50年代，就有学者撰文"反对庸俗的繁琐考证"，旗帜鲜明地说："我们所要反对的是：为考证而考证的'考证'；盲目的钻牛角尖的'考证'；繁琐的'考证'……至于丧失立场和没有科学观点的'考证'，我们就更加反对了。"（张宏勇、颉育民《反对庸俗的繁琐考证——评单演义著〈鲁迅讲学在西安〉》,《西北大学学报》1958年第4号）

下面从诗味、继承、用典、论证、逻辑五个方面，略述考据失度的具体情形。

（一）考据不可脱离诗味

繁琐考据，坐得太实，必会减损诗味。例如，宋代的沈括评杜诗"霜皮溜雨四十围，黛色参天二千尺"，对诗中古柏的周长、直径、高度进行测算，讥讽诗人笔下的古柏"无乃太细长乎"（《梦溪笔谈·讥谑门》）；而同时代的黄朝英则走得更远，计算更加精确："存中性机警，善九章算术，独于此为误，何也？古制围三径一，四十围即百二十尺。围有百二十尺，即径四十尺矣，安得云七尺也？若以人两手大指相合为一围，则是小一尺，即径一丈三尺三寸，又安得云七尺也？武侯庙古柏，当从古制为定。则径四十尺，其长二千尺宜矣；岂得以细长讥之乎？”（《靖康缃素杂记》，转引自詹锳《文心雕龙义证》卷八，詹书引自“《渔隐丛话》前集卷八引《靖康缃素杂记》”，并注“今本《湘素杂记》无此条”。）沈氏、黄氏对诗歌意象进行数学计算，这是外行人读诗，脱离诗味，反究其微，本末倒置。

然而，就是“内行人”读诗，犯此流弊者也不在少数。例如，《李白〈峨眉山月歌〉释证》（《北京大学学报》2006年第5期，简称《释证》），将李白诗中“峨眉山”“半轮”“平羌江”“清溪”等美好意象在文中一一坐实，说半轮“指上弦月”，“清溪驿在犍为县”，平羌江并非青衣江，实为“自青神县南端经平羌县至嘉州一段江流”。甚至考证出“李白取道岷江出蜀，当亦是到嘉州宿”，理由之一是：“平羌三峡北口南距乐山46里，平羌三峡长15里，板桥溪位于平羌峡南口南5里，则板桥溪下至嘉州仅26里。李白与其到今板桥溪小码头宿，何不下到下游仅26里之嘉州大码头宿？”文中也说李白此诗誉满千秋，前人评为“神韵”“灵机逸韵”“熔化入神”“神韵清绝”等，可一应坐实，便把好诗的神韵“考释”得荡然无存。

又如《古典诗歌注释与农村生活经验——以陶渊明、黄庭坚诗为例》（《晋阳学刊》2010年第4期，简称《经验》），解读黄诗“近人积水无鸥鹭，时有归牛浮鼻过”。为了证明黄庭坚意在以水牛象征“被贬六年历经辛苦之后蒙恩东归的自己”，说水牛“水里休息，舒展筋骨”象征自己“获得苏息”的轻松闲适，同时“水牛为人奉献的品格，则象征了诗人不辞老病、为人奉献的自我期许”。该文对水牛的习性作了不厌其详的介绍，征引繁博，用墨如泼，实则是关乎水牛的一段科普研究，而恰恰忘了本文的要旨——欣赏诗歌。《文心雕龙·论说》指出：“原夫论之为体，所以辨正然否……故其义贵圆通，辞忌枝碎。”远离论体，追逐枝碎，“这样做只能使我们远离文学欣赏，‘陷于末学’”（陈延嘉《繁琐考据的标本——评〈文选李注义疏〉》，《长春师范学院学报》2012年第1期）。

诗是来自心灵的歌唱，抒写的是美丽的情感，本来就应与生活保持一定的偏离度，即追求一种陌生化的审美效果。诗意、诗情“使万象化为美丽”，“使它所触及的一切变形”（雪莱《为诗辩护》，见《古典文艺理论译丛》，人民文学出版社1961年版），诗中“万象”无不涂有诗人强烈的主观色彩。我们读诗时应“具体感受文学形象所表现的艺术美”，“积极展开形象思维活动”。（郭正元《文学理论基础教程》，中山大学出版社1993年版）所谓艺术美，便是内容美与形式美的结合。这就要求我们理解诗歌时，应通过想象和联想激发情感共鸣，以深入体会诗作意境与诗人的情感世界，由此才能在读懂诗歌字面意思的同时，正确把握其深层含义，而不应耽于考据，一味坐实，大妨诗趣，用科学的常式之理来评判诗歌的艺术之理，那样则是舍本逐末，违背了艺术欣赏的基本规律。在考释古诗时，我们终须牢记，“如果把生活比作水，诗就是由水幻化而成的虹”（马振方《小说艺术论》，北京大学出版社1999年版），二者不可等量齐观。

（二）继承旧说须仔细甄别

考释古诗，首先应当继承前人的研究成果，但继承不是全盘照搬，须仔细甄别。例如对于故训，王宁就说过：“故训由于时代和方法的局限，加上固守家法师承带来的一些问题，并非每条都是对的。”（王宁《〈故训汇纂〉序》，宗福邦等主编《故训汇纂》，商务印书馆2003年版）某些说法如果前人有误，或者本来就有分歧，而我们依然引为根据，那就是以讹传讹了。

例如，《杜诗：神韵与诗史的融合》（简称《融合》，见邓小军《古诗考释》，商务印书馆2013年版）考释杜甫《寄韩谏议》一诗的题旨，说“杜甫在诗中期望韩泫能够荐举李泌，复出救国”。该文持论沿用了《钱注杜诗》旧说：“程嘉燧曰：‘此诗盖为李泌而作。’余考之是也……公此诗，盖当邺侯隐衡山之时，劝勉韩谏议，欲其贡置之玉堂也。”但有关此诗是为韩谏议抑或为李泌而作，多数学者主张与李泌无关，根据如次：

其一，诗题直言“寄韩谏议”，且“韩既谏官而与杜善”（转引自仇兆鳌《杜诗详注》卷十七吴江潘耒语）。诗中“首尾美人，中间羽人及赤松子、韩张良、南极老人”，都或多或少指向韩谏议。

其二，杜甫、李泌并无接触。“少陵平生交友，无一不见于诗，即张曲江、王思礼未曾款洽者，亦形诸歌咏，若李邺侯，则从无一字交涉，盖杜于

五月拜官，李即于十月乞归，未尝相往还也。”（《杜诗详注》吴江潘耒语）

其三，时间不对。李泌隐居衡山时，约在肃宗至德末、乾元初年间（758—762）；而杜甫此诗作于唐代宗大历元年（766）秋，杜甫出蜀居留夔州之时。因此杜甫诗“今我不乐思岳阳，身欲奋飞病在床”，若是为李泌而作，未免有些“不合时宜”。

其四，地点没有说服力。李泌归隐衡山，但杜诗并未确言“衡山”。提及岳阳，但岳阳距衡山约560里，若二者通指，相距未免寥远。

其五，身份不合。“韩时在岳阳，其官之有无不可知，何得以荐贤望之？”且李泌与肃宗关系亲近，“权逾宰相”，“则其君臣之间，正非谏议小臣所能与也”。（《杜诗详注》卷十七黄生语）

总之，杜甫《寄韩谏议》一诗，《钱注杜诗》移之邺侯，并无确据。“钱氏归其说于程孟阳，亦自知其不的也。”（《杜诗详注》黄生语）而该文再持旧说，直言“‘美人’，喻君子，指李泌”，“‘岳阳’‘洞庭’皆指湖南，李泌所在之地”，“影动倒景摇潇湘”一句“暗指李泌虽在潇湘，亦在关注长安国事”云云，皆是先入为主，不免有穿凿之病。

（三）解读用典不可歪曲本意

古诗常有用典，既可以古证今，也可借古抒怀。“证今”可落到实处，“抒怀”却不一定，有些旨在抒怀的用典如果也做坐实的考据，那是对用典的误解，必然歪曲作者用典的本意。

《辛弃疾〈贺新郎·别茂嘉弟〉词的古典与今典》（《中国文化》1996年第2期）考察词中的五处用典，分别是上阕三典：王昭君北嫁匈奴、西汉陈皇后迁居冷宫、卫庄公妾戴妫离卫归陈；下阕二典：李陵兵败投降，荆轲刺秦易水诀别。该文认为，这五处用典皆为“古典字面，今典实指”，即“上片连续用典（博喻）”，反复影射“靖康之难后宫北行”，下阕二典喻指“南渡时期抗击金兵身经‘百战’、稳定国势使宋不亡的‘将军’”岳飞。这些考释太过坐实，实为误解。我们依次来看：

第一，昭君典。该文为解“马上琵琶关塞黑”一句，详细分析了辛弃疾同调词《贺新郎·赋琵琶》和姜夔《疏影》词。前者有“辽阳信使音尘绝”句，该文通过引用《金史》两条，一为《地理志上》东京路条，说明东京系辽阳府更名而来，二为《太祖本纪》收国二年条，“东京州县及南路系辽女直皆降……以完颜斡论知东京事”，引文中甚至未见“辽阳”一词，以此证明辛词“‘辽阳’一语，乃是用指金人巢穴之地”，该句“是言北行入金之宋后宫早已音讯断绝”。该文以两条并不有力的史证来支撑观点，有些单薄。另，辛词喜化用前人诗句，追溯前朝，“辽阳”一句似曾相识：温庭筠《诉衷情·莺语花舞》词：“柳弱蝶交飞，依依。辽阳音信稀，梦中归”；司空图有诗“辽阳音信近来稀，纵有虚传逼节归”。虽不能确信辛词化用了前人诗句，但若强说辛词暗指后宫北行之事，则未免过于主观。

在分析姜夔《疏影》一词时，该文引用刘永济注为旁证，说白石词“昭君不惯胡沙远”，“是用昭君出塞之古典及徽宗《眼儿媚》词‘春梦绕胡沙’之今典，言靖康之难后宫北行之今典”（刘永济《唐五代两宋词简析》，上海古籍出版社1981年版）。这种说法同样难以服人。姜夔纵是化用了徽宗词，徽宗词叩问“家山何处”也是述己北行之悲，何以确证白石词是言后宫妇女北行之悲？又何以进而推断辛词“马上琵琶关塞黑”是“用昭君出塞之古典”“言靖康之难后宫北行之今典”？刘永济注说姜夔《疏影》一词“更明显为徽、钦二帝作”，可惜该文视而未见。

第二，陈皇后典。该文说，“稼轩‘更长门翠辇辞金阙’之句，乃是借陈皇后被迫迁居冷宫长门宫之古典，突出古典所略的陈皇后被迫乘车辞金阙之情节，以指陈宋后宫被迫乘车辞金阙、辞汴京之今典”，这种说法，亦无确证。若依此意，言及陈皇后的史料中皆无“翠辇辞金阙”的具体情节，由此推断辛词刻意添上这一细节是为暗指今典，那么在该文所引靖康史料中，亦无“翠辇辞金阙”的具体描述，又何以确认引用古典是为暗指今典？文学创作本就是“一种审美的创造活动”，汲取具有审美意义的历史和生活原料，“加以提炼、孕育、加工、改造”（郭正元《文学理论基础教程》），这是一个审美价值的再创造过程。因此，诗歌创作时通过合理化想象而对史料细节有所增益，本就是文学创作的自然过程。诗歌考释若是强究这种再创造的细节，如该文对“翠辇辞金阙”这一细节的过度考据，则背离了诗歌表达的本意，于诗味理解一途无益。

第三，卫庄公妾典：“看燕燕，送归妾”。该文略写，直书古典意在“言靖康之难宋人哭送后宫妇女被迫离宋入金之今典”。未作论证，难以信从。

第四，李陵典：“将军百战身名裂”。该文指出，“按《汉书》本传，李陵投降匈奴后并无杀身之祸，其‘名裂’则有之，其‘身裂’则无之，职此之故，可知稼轩‘将军百战身名裂’之句，乃是变用古典，以切指今典”，且表明“当时大将无辜蒙冤惨遭杀害名声被毁（即‘身名裂’）者，只有岳飞一人”，进而“可以断定‘将军百战身名裂’之句，乃是借用李陵之古典，暗示岳飞之今典”，又根据这个“身名裂”，另加一条野史“监斩”的记录和一句岳家军兵士诗“全忠全义不全尸”，推出“岳飞是死于刀斧，而不是如《三朝北盟会编》引《岳侯传》所说‘中毒而卒’”。这些推论，实在匪夷所思！其实，关于“身名”，王力早就说过古汉语有一种“偏义复词”：“其中一个词素的本来意义成为这个复音词的意义，另一个词素只是作为陪衬”，并举“园圃”“休祲”“得失”“缓急”四词为证。（王力主编《古代汉语》第1册，中华书局1981年版）那么，“身名”完全可以仅指一端，该文所释“微言大义”，均属过度阐释。

第五，荆轲典：“易水萧萧西风冷，满座衣冠似雪。正壮士悲歌未彻”。该文指出，该古典与岳飞之今典，具有三点一致性：“第一，荆轲、岳飞前往之地，皆是死地”；“第二，荆轲、岳飞此行，皆视死如归”；“第三，送行实为生离死别，情景极为悲壮”。由此得出结论，荆轲之古典是书岳飞之“今典”。这种推论不无牵强。荆轲与岳飞确有相似性，但二人出征背景不同，出征目标不同，人物身份、性格亦大不相同，等等，——差别太多，可比性就大打折扣了。对诗歌内容强觅关联，生硬比较，难以自圆其说。

（四）立论根据须充分可靠

上文已经指出，古诗考释必须坚持论从史出的研究原则，材料必须足够充足。如果立论根据不足，就应该继续寻找确凿可靠的支持材料。没有材料支持，求助循环论证，或者代入本人或他人经验，搞简单类比，其结论都是站不住脚的。

《释证》最大的发现就是“‘半轮’指上弦月”，其他相关结论，如夜发清溪的日期、李白留宿嘉州等，都是从这个“发现”进一步推导出来的。根据该文，“半轮”指上弦月的主要根据是：“李白诗言‘峨眉山月半轮秋，影入平羌江水流’，又言‘夜发清溪’（‘夜发’是后半夜即拂晓前出发）、‘思君不见’（诗题《峨眉山月歌》，‘君’是指峨眉山月），是上半夜见半圆月而后半夜不见，可知正是上弦月。”这个推理的两个前提，“夜发”是在后半夜，“君”指的峨眉山月，其实都是假定的，并无确证（这两点下文再详细讨论）。得出一个“上弦月”的伪命题后，为证明“‘君’指峨眉山月”，该文又说李白“拂晓前从清溪出发时上弦月早已落，故曰‘思君不见’”。这个论证过程概括起来就是：因为“不见”，所以是“上弦月”；又因为是“上弦月”，这才“不见”的。如此互为因果，循环论证，其说无法自洽。

关于“夜发”后半夜的根据，该文说“古人水陆旅行例在后半夜即拂晓前出发”，这其实是不对的。笔者检索《全唐诗》，“早发”凡87见，绝大多数“早”明确指“晨”；“夜发”25见，比“早发”少62。有的“夜发”还不是指出发，如“花须连夜发，莫待晓风吹”（文德皇后《腊日宣诏幸上苑》），“宫花半夜发，不待景阳钟”（皮日休《古宫词三首》），“开炉命温酎，中夜发清管”（张说《行从方秀川与刘评事文同宿》），等等。可见，唐人更惯于“早发”，即清晨出发。如果夜发，也是前半夜，而不会在后半夜出发。

还有个根据，该文出在注释里：“笔者经验，川江航行今犹如此，如长江下水江轮到万州港宿，后半夜启程，天亮后入三峡。”这就是代入个人经验，其简单类比是没有说服力的。该文还有其他的简单类比，同样经不住推敲，例如，为证明李白是夜宿嘉州大码头，说宋代苏轼、范成大和日本的山川早水“皆是到嘉州宿”，所以，“李白取道岷江出蜀，当亦是到嘉州宿”。

至于“思君不见下渝州”的“君”，该文说“‘君’指峨眉山月”，不无武断。《广韵·之韵》：“思，思念也。”清徐灏《说文解字注笺》：“人之精髓在脑，脑主记识，故思从囟。”可见，“思”的对象不在眼前，需要“记识”。而且从常理看，越是远离眼前，越是思念深切。即如该文所说，李白上半夜与月同行，下半夜月“不见”了就开始思念它；如果真是这样，未免有些矫情。其实，从诗意出发，于有意无意间探求诗的真旨，“君”不确指最为妥当，也最能体现诗歌语言的张力：或代指故乡，或代指故乡的某人，当然也有可能指“峨眉山月”，或者由眼前之月而想到的故乡之月。

再如《经验》一文，解释“种豆南山下，草盛豆苗稀。晨兴理荒秽，带月荷锄归”，该文又以“笔者在四川西部成都平原农村生活”的经验，认为这是一种顺接关系，即“豆苗一时被草掩盖，是农田常事”，所以陶渊明“锄草从清晨到月出，是经过了一整天还多的锄草，这就暗示出已经锄尽了荒草”。作者通过代入农事经验，把陶渊明锄草单纯视作一种农事行为来理解，这是从科学而非从艺术角度来解读诗歌。若从诗味一途来看，把锄草作为陶渊明日常生活的一种常态来理解似更为妥当。龚斌《陶渊明集校笺》（上海古籍出版社2011年版）释“种豆”二句，引李注言，“汉书杨恽传：‘田彼南山，芜秽不治。种一顷豆，落而为萁。人生行乐耳，须富贵何时。’”可见陶渊明日日勤于耕种，晨兴而作带月而归，诗中通过引杨恽种豆南山之典，表明自己知足安适的心境。“‘带月’句，真而警，可谓诗中有画。”（温汝能《陶诗汇评》卷二，上海扫叶山房石印本1922年版）可一经那样坐实的科学考据，则大煞风景，诗趣全无。

（五）避免行文矛盾、以偏概全等逻辑错误

逻辑上的行文矛盾，一般有两方面：一是作者自身的论证内容前后矛盾，二是对某些诗句的考释与诗歌的具体语境相矛盾。

例如，《融合》一文解释“造化钟神秀，阴阳割昏晓”：“下句言泰山之大，有的地方还是月夜，有的地方已经日出。一山之中，判然分割开了昼夜”。按照此意，杜诗写的是黎明之景。但下句“决眦入归鸟”，既有“归鸟”，则是黄昏（“归鸟”即傍晚归巢之鸟，在现实生活与古诗中均是如此。仇兆鳌《杜诗详注》第一册引曹植《赠白马王彪》诗“白日忽西匿，归鸟赴乔林”，也说诗中归鸟意象通常指黄昏），在时间上互相矛盾。

又如《释证》：“第一次提出诗中‘半轮’指上弦月”；“月相呈为半圆”。可下文解释说，“李白出蜀行至平羌江、嘉州，望见皓月当空”。而“皓月”一般指圆月，这里前后扞格，无以自洽（这一点是山东大学赵睿才老师告诉笔者的，特此致谢）。

简单枚举，以偏概全，仅从个别现象就轻率推出一个普遍结论，这也是古诗考释常犯的一个逻辑错误。例如，韩大伟《辨“日边来”识“真太白”》（《文学遗产》2003年第1期）就指出，《中国古代文学作品选讲》考释李白诗“孤帆一片日边来”，通过列举李白将封建皇帝的身边比作日边的几处例子，认定“日边来”指的是“从皇帝身边来”，孤帆一片，是“穷途失位者搭乘的船只”。韩文指出，“这里的结论是从‘简单枚举’的形式推导出来的”，“这一推论犯了‘轻率概括’的逻辑错误”。

《释证》论证“‘半轮’指上弦月”，根据是“杜甫亦以‘半轮’指上弦月，与李白相同”。杜诗《月三首》其一：“魍魉移深树，虾蟆动半轮。”清仇兆鳌《杜诗详注》卷十八注：“半轮，上弦月也。”即如仇氏所注杜诗“半轮”是上弦月，但也不能据此就得出个全称判断。半轮，通指半圆的月亮，或是上弦，也可能是下弦，应该视具体语境而定。查《全唐诗》，“半轮”一词除《峨眉山月歌》与杜诗《月三首》之外，还出现过五次：1.桂吐半轮迎此夜，蓂开七叶应今朝。（李峤《人日侍宴大明宫恩赐彩缕人胜应制》）2.楼下长江百丈清，山头落日半轮明。（杜甫《越王楼歌》）3.玉露团清影，银河没半轮。（杜甫《江月》）4.村寺钟声度远滩，半轮残月落山前。（李梦符《渔父引二首》）5.一撮秋烟堤上白，半轮残日岭头红。（姚揆《秋日江东晚行》）

其中，杜诗《越王楼歌》和姚诗“半轮”指日；“桂吐半轮”指月，但无法分判是上弦月还是下弦月；“银河没半轮”指月，且由“玉露团清影”可推知指上弦月（这一点是山东大学刘宗迪老师指出的，特此致谢）；“半轮残月落山前”指月，且由下文“浪叠朝霞锦绣翻”可推断，此处的“半轮残月”应该是后半夜的月，即下弦月。可见，仅凭一个“半轮”，是无法简单推断出是否为上弦月的。

杜诗“虾蟆动半轮”，仇注说是上弦月，其实也无确证。从这首诗的语境和写作背景来看，没有任何信息可以排除是下弦月。

其实，有关古诗中“半轮”是“上弦月”抑或“下弦月”的考证，对于诗意的理解帮助不大。本来诗意灵动的“半轮秋”“半轮明”“没半轮”之类句子，一旦考证出个上弦月或下弦月的科学名称，读者顿感索然寡味。私以为，这种既不能确证又无甚意义的考据，不应提倡。

钱穆说，人文学科的研究较科学研究更难求“实事求是”，“若只在考据上求‘是’，所考据的远在身外”（钱穆《学问与德性》，见《中国学术通义》，台湾学生书局1976年版），那此类考据就失去了意义。

二、阐释失度

在诗歌阐释中，同样应讲究适度。钱穆提倡“将义理、考据和辞章视为是研究任何学问都必须运用的方法”，且“考据应是考其义理”，谈到义理，言“道指义理……凡有关从事学问之方向、及其所应达到之目标等，应属‘道’，即凡论该做何等样学问，或论学问之‘意义’与‘价值’等皆属之”（徐国利《钱穆的学术史方法与史识——义理、考据与辞章之辨》）。可见正确的考释应以义理为中心，把握好贯穿其中的“道”。对于诗歌阐释而言，这个“道”就是诗意，就是要坚守诗歌的文学本位。如果偏离文学本位，阐释失度，于诗歌欣赏则是南辕北辙。

下面从诗意、创新、训诂、引证四个方面，看看阐释失度的具体情形。

（一）阐释须植根于诗意

古诗词的考据和阐释，都要遵循艺术规律。上文已经论列，考据不可脱离诗味，而阐释同样也须植根于诗意。如果过度阐释，纠结于一些远离诗意的细枝末节，则是抛弃本味，寻流逐末。

例如，《经验》一文，作者引陶诗“开荒南野际”“桑麻日已长，我土日已广”，说“渊明大面积垦荒种田”，这对于明辨诗中真意尽管帮助不大，亦似可理解。但由陶诗“平畴交远风，良苗亦怀新”两句，也赫然读出“渊明大面积垦荒种田”的新意，就有些费解了。按，宋张表臣《珊瑚钩诗话》卷一：“秋夏之交，稍旱得雨，雨余徐步，清风猎猎，禾黍竞秀，濯尘埃而泛新绿，乃悟渊明之句善体物也。”《陶渊明集校笺》引闻人言古诗笺释亦曰：“言其生意已盎然也。”陶诗本意，重在抒发展望新苗、心旷神怡之感，从中我们或许能够体会诗人性喜自然、冲淡平和的心境；而该文从中看出“渊明大面积垦荒种田”，这种理解，不无格义附会、强作解释之嫌，“解释愈有条理系统，则距事实真相愈远”（桑兵《20世纪国际汉学的趋势与偏向》，中国民俗学网2007年7月27日）。

类似例子还有“带月荷锄归”，文章说这是把“光明和希望从田野上带回了家”。如此坐实的理解，就有些望文生义、过度阐释了。其实，这句诗重在表现月夜归耕的愉悦和与大自然和谐共处的享受之情，强调的是诗人内心的安适平和；而且，“月”在古诗中的象征意多为柔美、相思、思乡、和谐、孤独、飘逸人格、盈亏有定周而复始的哲学思考等，“光明”意较为罕见。

又如该文从陶诗“弱冠逢世阻，始室丧其偏。炎火屡焚如，螟蜮恣中田。风雨纵横至，收敛不盈廛。夏日长抱饥，寒夜无被眠”几句，推断出“陶渊明早在晋孝武帝太元九年（384）‘弱冠’即二十岁时，就已从事躬耕种田”。按：陶诗“弱冠逢世阻，始室丧其偏”，说到了两个时间，一是“弱冠”，二是丧偏之年。《陶渊明集校笺》：“渊明三十岁时丧妻，后续娶翟氏。”那么下文说“螟蜮恣中田”“收敛不盈廛”，陶渊明开始躬耕种田，该文如何确证是始自弱冠，而非丧偏之年？没有充足材料支持，难以令人信服。

再如《融合》一文，作者评王维《使至塞上》“大漠孤烟直，长河落日圆”，说这“是以平安火暗示当时广大边塞平安无事”。此诗属意描摹开阔壮丽的塞外风光，历来也以“诗中有画，画中有诗”为世人称道，若是一一考实，则大妨诗趣。

（二）贵在创新与慎言创新须统一

学术研究贵在创新，但又要慎言创新，二者必须统一。如果没有确实可靠的材料支持，所谓的创新就是无源之水、无本之木。1934年2月，赵万里、朱自清讨论学术界大势，认为“材料不多而又思突过古人”，时人“皆不免钻牛角尖之病”。傅斯年也注意到了近代学人的这一短板：“学问之道不限国界，诚欲后来居上，理无固步自封。”但材料不足而欲突过前人，实乃近代学人爱走险道偏锋的要因。治学一旦失去轨道，只求标新立异，则“知稗贩而不知深研，知捷获而不知错综。以此求异前辈，而不知适为前辈所唾弃”（桑兵《20世纪国际汉学的趋势与偏向》）。而在当今学界，为追求创新而堕入剑走偏锋、标新立异的歧途，此类不良学风并未收敛，反而有愈演愈烈之势。在2013年“中国古代文学研究：视野与方法”学术研讨会上，刘跃进就批评“有的学者标新立异，贪多求快”；魏崇新也指出，有的学者标新立异，生搬硬套西方理论。（孙妙凝《回归有“温度”的古代文学研究》，《中国社会科学报》2013年12月4日）

上文讨论的几种论著，也有标新立异、根据不足之弊。例如，《融合》评杜甫《曲江对雨》“林花着雨胭脂落”句：“写出林花凋落之从容，与林花之美，竟与杨贵妃临死之从容，为救玄宗、救国家而死之心甘情愿，不期然地相合。”这个结论大胆新奇，但难以让读者信服：一则仅从诗句中无法看出“林花凋落之从容”；再则以林花凋落比杨贵妃之死，诗中并无确证，生硬类比，过于牵强；三是杨贵妃之死那段历史在后世颇具争议，事实真相依然扑朔迷离，杨贵妃赴死究竟是被迫还是“心甘情愿”，所见非一。

而《释证》一文，作者从短短二十八字的四句诗中，就考证出诗人行程的具体日期、夜晚投宿的准确地点，尽管是发人所未发，但同样经不得推敲。该文考证出李白宿在嘉州大码头，根据有二：一是前文已引，距嘉州不远，“仅26里”；二是苏轼、范成大和山川早水皆曾到嘉州宿。可是这两个理由都回答不了以下的疑问：相距不远就一定会去？苏轼等人住过，那前朝的李白也一定是去那儿住的？

至于李白的行程，该文所论也是言之凿凿，如诗人亲历直录：“李白诗言‘峨眉山月半轮秋，影入平羌江水流’，经平羌江至嘉州见上弦月，当在初七、初八日，夜宿之时。复据李白诗言‘夜发清溪向三峡’，拂晓前从清溪驿出发，可知是前日即当在初八、初九日拂晓前从嘉州出发，日行一百五十里，当日到清溪驿宿，次日即当在初九、初十日拂晓前从清溪驿出发。”不仅行期落到实处，连行程速度都测算得清楚明白，所论新则新矣，但无法以理服人。上文讨论到，该文对于相关日期的推算，盖源于“半轮”即“上弦月”的证明，但这个证明其实并不成立：既有循环论证的逻辑错误，也有简单枚举、以偏概全的不足〔参见上文“（四）立论根据须充分可靠”和“（五）避免行文矛盾、以偏概全等逻辑错误”〕。

（三）语词训诂不可以今律古

对古诗字词的理解，常见以今律古、强作解释之弊。从哲学基础上看，这是违背了唯物辩证法，没有用发展的眼光来看待语言的变化。早在四百年前，明末的陈第对语言演变就有论列：“盖时有古今，地有南北，字有更革，音有转移，亦势所必至。”（《毛诗古音考》）可惜的是，我们有些学者为了出新，忽略语言的古今差异，以今音套古音，以今义释古义，如此考释古诗，往往会混淆真意，实不可取。

例如，《杜甫曲江七律组诗的悲剧意境》(《北京大学学报》2011年第4期)：“中古韵书，‘荇’‘杏’读音相同；‘荇’‘杏’与‘恨’，声母相同，韵母及声调均相近，故读音甚相近。而在笔者家乡川西地区，至今‘杏’字念‘恨’，两字声、韵、调(去声)全同。可知‘荇’字可以谐音‘恨’字。”由此推论杜诗“水荇牵风翠带长”，“画面是曲江水面荇蔓宛如女性服饰翠带般长，实际暗含哀杨妃之意味，诗句重点端在‘荇’字谐音‘恨’字，‘荇长’谐音‘恨长’亦即‘长恨’之义”。——说“荇”谐音“恨”，“荇长”即“恨长”，进而发现杜诗“水荇牵风翠带长”竟是抒写杨贵妃死于非命之“长恨”！这些推理实在玄之又玄，渺不可测。

按：“杏”字念“恨”，这是四川方言的今音。即如三百多年前，明末清初李实记录的《蜀语》，韵母en与eng，in与ing“分别各为两类，基本不混”(甄尚灵、张一舟《〈蜀语〉词语的记录方式》,《方言》1992年第1期)。至于中古音，杏、荇：何梗切，上声梗韵匣母；恨：胡艮切，去声恨韵匣母，——它们只有声母相同，韵、调都不相同，怎么能说“韵母及声调均相近，故读音甚相近”呢？“杏”“荇”本为上声，读作去声，是“浊上变去”的结果，这是后起的语音现象。因此，杜甫时代的中古音，“荇”与“恨”韵尾不同，声调不同，根本不可谐音。由个别方言今音“杏”读“恨”，推论1300年前杜诗中的“荇”谐音“恨”，这是罔顾语音的历史发展，典型的以今律古。

仇兆鳌《杜诗详注》释“水荇牵风翠带长”句，引王洙曰：“荇，水草，相连生，故如翠带。”又引杜审言诗“绾雾青条弱，牵风紫蔓长”，以及梁简文帝诗“翠带留余结”。宋王得臣《麈史》：“杜审言，子美之祖也……其诗有‘绾雾青条弱，牵风紫蔓长’……若子美‘林花着雨胭脂落，水荇牵风翠带长’……虽不袭其意，而语句、体格、脉络，盖可谓入宗而取法矣。”可见“水荇牵风”的意象，大抵不是出自杜甫原创，又何以进一步言其借“荇长”隐喻“恨长”呢？

(四)引证须忠实于原始材料

古诗考释常常需要引证他人成说，但引证有个原则：必须忠实于原始材料。然而，由于不甚严谨或主观故意，有些文章在引证时，不是原貌“直录”，而是有选择地“节录”部分材料，为我所用。这样就难免有断章取义的嫌疑，往往造成引证缺失或引证有误的纰漏。

《释证》引郦道元《水经注》就有这个不足。原文是郦道元《水经注》引任豫《益州记》：“平乡江东经峨眉山，在南安县界，去成都南千里，然秋日清澄，望见两山相峙如蛾眉焉。”可该文引用破坏原文句读，只“节录”所需的语句片段：“峨眉山在南安县界，去成都南千里。”本来从郦注引文可以看出，“去成都南千里”的是“平乡江”，下文“秋日清澄”的也是“平乡江”，“望见两山相峙如蛾眉”的观察视点也是“平乡江”。该文为了论证的需要，断章取义，把“平乡江”说成了“峨眉山”。

三、结论

古典诗词是中华民族文化的瑰宝，正确考释有利于读者领会古诗的精髓，把握古诗的神韵。如果误入歧途，耽于坐实，考释失度，那对古诗的理解无异于生吞活剥，贻害无穷。欣赏诗歌，“质实填砌，最妨文趣”（姚芒父《曲海一勺》，民国交通书局贵阳刊本复印本）！

当代学人有些古诗考释的论著，在处理考据与阐释问题上有失于“度”，有时未融会观点、大义，向零碎处考证，连自己都绕不出来。在古诗鉴赏和研究中，为什么会屡屡出现考释“失度”之弊？清姚鼐《述庵文钞序》说：“其故由于自喜之太过，而智昧于所当择也。”这是说的主观故意。其实，还有个研究者的见识问题，那就是对文学研究的性质缺乏清醒的认识，没有坚守遵循艺术批评基本规律的原则。钱锺书说：“文学研究是一门严密的学问，在掌握资料时需要精细的考据，但是这种考据不是文学研究的最终目标，不能让它喧宾夺主，代替对作家和作品的阐明、分析和评价。”（《写在人生边上·人生边上的边上·石语》，生活·读书·新知三联书店2002年版）曹旭也呼吁文学研究要“重视‘特殊的’文学本位”，“把文学研究混同于历史、哲学、天文学、地理学的研究，就是失去文学自身特性，把‘活文学’弄‘死’，意义丧失大半的研究”（《文学研究，请重视“特殊的”文学本位》，

《文学遗产》2012年第1期）。

考据与阐释“失度”，还有个历史原因，就是学术史上有这样的先例，特别是20世纪王国维的“二重证据法”和陈寅恪的“诗史互证法”，对古代文学研究影响深远。曹旭又说：“‘二重证据法’与‘诗史互证法’，是研究历史和文学比较科学合理的方法，尤其是‘诗史互证法’，将古代文学作品和古代社会资料互相证明，还原了文学所处当时的历史真实。但是，历史真实距离文学的内核还有一段距离。……我们的研究不能仅仅停止在文学事件、文学史料、文学语境本身，而应该透过这些事件、史料和语境来得出背后隐藏的思想、情感和人的心灵。”况且，陈寅恪后来也认识到自己的局限：“若有以说诗专主考据，以致佳诗尽成死句见责者，所不敢辞罪也。”（《韦庄〈秦妇吟〉校笺》，见《寒柳堂集》，上海古籍出版社1980年版）

2013年冬，在北京召开的“中国古代文学研究：视野与方法”学术研讨会上，北京大学廖可斌教授说，现在古代文学研究领域两种状况比较严重，即重复和琐细。古代文学研究越来越变成一系列文学史知识的堆积，越来越失去温度，失去生活的气息、人的气息。在那次研讨会上，学者们有一个共同的呼吁，本文借以作结——

回归有“温度”的中国古代文学研究！

（作者单位：山东大学尼山学堂）

释“槐花黄，举子忙”

赵睿才　刘　真

“槐花黄，举子忙”，此一谚语或俗语出现在唐代。可是，自古至今没有对此说全面又准确的解释，本文试解之。要解决此问题，应搞清三个基本的问题：一是唐代科举考试特别是进士、明经考试与放榜的时间，二是槐花的花期，三是“举子”是泛称，并非专指应试进士或明经者或其他类应试者。后两个问题较为简单。前一问题比较复杂，涉及两个方面：一是地方政府推荐性质的考试时间和申送举子到京城的时间，二是尚书省正式考试与放榜的时间（主要指进士与明经考试）。搞清了这些问题，解释好“槐花黄，举子忙”就不难了。

一

回顾一下槐文化。槐在上古时期是官职的代称。如《周礼 · 秋官 · 朝士》中记载：“朝士，掌建邦外朝之法，左九棘，孤卿大夫位焉，群士在其后。右九棘，公侯伯子男位焉，群吏在其后。面三槐，三公位焉，州长众庶在其后。”棘树，取其有“赤心而外刺”；槐之言怀，表“怀来人于此，欲与之谋”。于是，就有了与三公有关的“槐棘、槐铉、槐鼎、槐位、槐卿、槐兖、槐望、槐绶、槐岳、槐宸、槐掖、槐宫、槐府、槐第、槐堂”等称谓。

槐树跟读书人挂钩是在汉代。西汉出现了“槐市”，《艺文类聚》卷三十八引《三辅黄图》上记载：“去城七里，东为常满仓，仓之北为槐市，列槐树数百行为队，无墙屋。诸生朔望会此市，各持其郡所出货物及经传书记、笙磬乐器，相与买卖，雍容揖让，议论槐下。”后来以“槐市”泛指讲学场所。如，庾信《预麟趾殿校书和刘仪同》：“璧池寒水落，学市旧槐疏。”骆宾王《帝京篇》：“钩沉肃兰所，璧沼浮槐市。”元稹《学生鼓琴判》：“期青紫于通径，喜趋槐市；鼓丝桐之逸韵，叶畅薰风。”武元衡《酬谈校书长安秋夜对月寄诸故旧》：“蓬山高价传新韵，槐市芳年挹盛名。”隋唐之际，槐与科举及第已密切相关了。

这里的“槐”是指国槐，不是洋槐。槐树，豆科，落叶乔木，奇数羽状复叶，小叶卵形至卵状披针形，夏季开花，蝶形花冠，黄白色，圆锥花序。不过，解此谚的人们往往忽视了槐花花期很长的特点，所以目前见到的解释都是含混不清的。它的花期从农历的五月已经开始，持续到八、九月，甚至一边结实一边开花。如范成大《五月闻莺》诗云：“老尽西园千树绿，却怜槐眼正迷离。”这里的“槐眼”就是槐的花蕾。可知，农历五月，那小槐米已长出了。

“举子忙”中的举子就是举人，是一个泛称，非专指某一类考生。它既可以是常科进士科考中的“生徒”和“乡贡”，也可以是其他常科如秀才、明经、俊士、明法、明字、明算等科中的考生，也可以是参加制科的考生。其中“国子六学”（国子学、太学、四门学、律学、书学和算学）、崇文馆、弘文馆以及各州县学馆中的学生为“生徒”，而“乡贡”是不在馆学而举者，即是推荐的。因而，这里的“举子”是一个异常庞大的集体，应是“诸色举人”，在“学而优则仕”的年代影响很大，因有“槐花黄，举子忙”这一谚语的产生，而且为后世津津乐道。可是，唐宋之后的人们在引此谚语时往往侧重整个科举过程的一个方面。

二

举子赴举之时的“槐花黄”。明人徐应秋说过这样一个谚语组合：“槐花黄，举子忙；《文选》熟，秀才绿；枇杷黄，医者忙；橘子黄，医者藏；树头红，田里空；涂额之蜂黄，写书之蒸青、汗青；王夷甫口中雌黄，老子有牝骊黄。”(《玉芝堂谈荟》卷三十一《五色赋》)此“槐花黄”，指的是举子忙于准备考试的季节，即举子准备赴考时的槐花，所谓“踏槐花”，即“槐之方花乃进士赴举之时”。苏东坡有诗说得很形象：“强随举子踏槐花”(《和董传留别》，“槐花还似昔年忙”《景纯复以二篇仍次其韵》其二)；黄山谷也有类似诗句：“槐催举子着花黄”(《次韵徐文将至国门见寄二首》其一)。

下面从唐的“岁之常选”说起。据《新唐书·选举志》云：“唐制，取士各科多因隋旧，然其大要有三：由学馆者曰生徒，由州县者曰乡贡，皆升于有司而进退之。……此岁之常选也。”此“岁之常选”即“常科”，区别于“天子自诏”的“制举”。就进士科而言，徐松《登科记考·凡例》云：“其应举者，乡贡进士例于十月二十五日集户部，生徒亦以十月送尚书省，正月乃就礼部试。试三场，先杂文，次帖经，次答策。每一场已，即榜去留。通于二月放榜，四月送吏部。”大致没有问题，把整个进士科考试的过程交待清楚了。

徐松“乡贡进士例于十月二十五日集户部，生徒亦以十月送尚书省”云云，透露以下重要信息：乡贡进士十月二十五日由“朝集使”护送来户部报到，生徒于所在学校考试合格后，直接送往尚书省参加考试。乡贡需要举子“怀牒自列于州县”，经资格审查合格后，由所在州县进行逐级考试，合格后被“朝集使”送到京城参加尚书省的考试。当然，京城之外那些合格的举子们为赴京这趟行旅也要作些准备，一般在七、八月起程，也应了“槐花黄，举子忙”。每年，举子们为应考来年正月的进士试或明经试，有的仅花在家乡到长安(偶尔洛阳)之间路途上的时间就达半年之久。因此，晚唐李中在《夕阳》诗中这样写道：“影未沉山水面红，遥天雨过促征鸿。销魂举子不回首，闲照槐花驿路中。”刘沧的《下第东归途中书事》诗说得更明白：“峡路谁知倦此情，往来多是半年程。”不得不早日起程。

这里想到了《唐才子传》卷十所记晚唐翁承赞的故事：

翁承赞，字文尧，乾宁三年礼部侍郎独孤损下第四人进士，又中宏词敕头。承赞工诗，体貌甚伟，且诙谐，名动公侯。唐人应试，每在八月，谚曰：“槐花黄，举士忙。”承赞《咏槐花》云：“雨中妆点望中黄，勾引蝉声送夕阳。忆得当年随计吏，马蹄终日为君忙。”甚为当时传诵。

材料之中“唐人应试，每在八月”的“应试”不是进士试，而是地方政府或中央学馆的资格考试。如文宗大和八年（834）八月，因“秋末虫旱相因，恐致灾荒”，尚书省的考试“递延一月”（《唐会要·贡举中·缘举杂录》）。这是八月份地方考试前后，举子们正为赴京做准备之时，因虫旱推迟尚书省考试时间而提前下发的通知。而翁承赞的《咏槐花》诗则是写进士及第以后的感受。与承赞同时代的诗人（亦其友人）黄滔有诗《寄翁文尧拾遗》云：“龙头凤尾前年梦，今日须怜应若神。”黄滔自注：“滔卯年冬在宛陵，梦文尧作状头及第。”“卯年”即“乙卯年”之省，乃昭宗乾宁二年（895）。来年果然应验，承赞虽未中状元，却是高中第四人，时目以“探花使”。

这里有一首诗可以隐约透露翁承赞进士及第前“忙”的情况。影印本《诗渊》第一册第七三六页存承赞《寄圭峰寂公》诗：“屈指闲思癸丑年，共师曾听翠微泉。高梧疏冷月才上，古屋荒凉人未眠。别后青云虽寄迹，乱余白发欲垂肩。无端贫病莲峰下，一半乡心属暮蝉。”此诗《全唐诗》未载。“癸丑年”为昭宗景福二年（893），时承赞已至长安以南之圭峰，与寂公同游问禅。他乾宁三年进士及第，则景福二年之入长安，殆为应试而来，其《擢探花使三首》之一云“长安虚过四年花”与此合。《咏槐花》中的雨望槐花、“勾引蝉声”，也与“一半乡心属暮蝉”有关。季候虽同，可是“忆得当年”“终日为君忙”，揣测是他及第后回忆未第时的辛苦之作。正所谓“槐花黄，举子忙”这一俗语亦有所自。宋人洪适《槐》诗：“花黄秋欲半，昔岁一番忙。”既说了此时的忙，也透露去年（“昔岁”）放榜之后的忙。

举人们到户部报到之后转礼部，办理考试手续。礼部考试（常科中的进士、明经试等）的时间一般是在正月。如贞元二十一年（805）权德舆知贡举时写下《贡院对雪，以绝句代八行，奉寄崔阁老》诗，有云：“寓宿春闱岁欲除，严风密雪绝双鱼。”说明主考官入闱的时间正值“岁欲除”，则实际考试时间就在随后的正月初。另有正二月说、三月说，还有约在三、四月说。如武则天曾于二月举行过殿试：“载初元年二月十四日，试贡举人于洛成殿前，数日方毕。殿前试人，自兹始也。”（《唐会要·贡举中》）这是唐代少有的殿试记录，其实就是进士考试。三月说和约三、四月说，只是由暮春“槐花黄”附会出来的，没有依据。

徐松说，“通于二月发榜”。发榜时间是进士试的重要组成部分。二月发榜为多，如：“（会昌）四年二月，权知贡举、左仆射、太常卿王起，放及第二十五人，续奏五人，堪放及第。……五年二月谏议大夫权知贡举陈商放及第三十七人。”也有正月发榜者，如：“大中元年正月，礼部侍郎魏扶放及第二十三人，续奏堪放及第三人。”（《唐会要·贡举中》）也有三月发榜的，如盛唐诗人王泠然《与御史高昌宇书》：“去年冬十月得送，今年春三月及第。”盛唐时就有三月放榜的例子。中唐时期也有确切的记载，如贞元二十一年权德舆知贡举时，有《上巳日贡院考杂文不遂赴九华观祓禊之会以二绝句申赠》：“三月韶光处处新，九华仙洞七香轮。”三月非常明确。

还有一种“别头试”，也是三月放榜。唐科举制度中为避免嫌疑而采取的措施，称为“别头试”。唐时的进士科考试，一般由礼部侍郎主持，若应试者与礼部侍郎有亲戚故旧关系，或是当朝高官之子弟，则由考功员外郎主试，或由翰林重考，叫作“别头试”。如上举会昌四年二月试的那榜，恩旨令翰林重考，杨质至（刑部尚书杨汝士之子）、窦缄（故相窦易直之子）、杨严（监察御史杨发之弟）、郑朴（河东节度使崔元式女婿）、源重（故相牛僧孺之甥）复考，只放杨严及第，余并落下，至三月放榜。这就是“别头试”。上举会昌五年那榜，“物论以为请托”，“其年三月，敕户部侍郎翰林学士白敏中重试，复落七人。”复落七人为张渎、李玗、薛忱、张觌、崔凛、王谌、刘伯刍。这也是“别头试”。

如果是三月放榜，那么吏部试就会顺延一个月，即由四月延到五月。五月以后，槐花从孕育开始变黄，便是应了“槐花黄，举子忙”。

三

举子下第以后和新举子争取考试格之时，都经历“槐花黄，举子忙”阶段。举子肄业准备阶段，必经历“槐花黄，举子忙”的时期。又分两种情况：刚下第举子的准备“夏课”和新举子的争取应试资格之时，或通过地方政府的考试，或争取免试入选，即“拔解”。

李峤《咏槐》诗有云“鸿儒访业来”，明显是写准备学业。又观罗邺《槐花》诗：“愁杀江湖随计者，年年为尔剩奔波。”罗隐《寄郑补阙》诗：“别来愁悴知多少，两度槐花马上黄。”则又与上举翁诗同意，即为应进士科考，在“槐花黄”的季节“奔波”着。钱易《南部新书》乙云：

> 长安举子，自六月已后，落第者不出京，谓之“过夏”。多借静坊庙院及闲宅居住，作新文章，谓之“夏课”。亦有十人五人醵率酒馔，请题目于知己朝达，谓之“私试”。

“夏课”和“秋卷”实际上是彼此相连的两件事：

> 七月后，投献新课，并于诸州府拔解。人为语曰：“槐花黄，举子忙。”

这几句当本于唐李绰《秦中岁时记》：“进士下第，当年七月复献新文求拔解，故语曰：槐花黄，举子忙。”七月早已是秋季，所以当年七月后复献新文谓之“秋卷”。如《唐语林》卷二：

> 刘禹锡曰：牛丞相奇章公初为诗，务奇特之语，至有“地瘦草丛短”之句。明年秋卷成，呈之，乃有“求人气色沮，凭酒意乃伸”，益加能矣。明年乃上第。

这里的“夏课”和“秋卷”并不是进士科举人在礼部试前的投呈干谒之作（按：行卷一般指进士试而言，也不局限于进士试），而是举子为了获取京兆府或州府的荐送而向名公贵仕呈纳之诗文，即《南部新书》《秦中岁时记》等书所谓“拔解”。何谓“拔解”？乃免试入贡。《唐国史补》卷下云：“外府不试而贡者，谓之拔解。”（然拔解亦须预托人为诗赋，非谓自荐。）如五代后梁“开平元年六月诏，近年诸道贡举人当籓方秋荐之时，不亲试者，号为拔解”（《册府元龟·贡举部·条制第三》）。拔解，就是推免。《唐摭言》卷一《会昌五年举格节文》：“准开成三年五月三日敕落下者，今缘自不送所试以来，举人公然拔解。”与之类似的还有“觅解”说：“举场每岁开于二月。每秋七月，士子从府州觅解纷纷，故其时有‘槐花黄，举子忙’之谚。”（《唐音癸签·诂笺三》“进士科故实”条）“取解”说：“天成元年八月敕，应三京、诸道，今年贡举人可依常年取解，仍令随处量事，津送赴阙。”（《旧五代史·选举志》）取解的时间一般在秋七、八月间。如《太平广记·韦词》：“（元和六年，京兆韦词）秋八月，果有取解，（韦词）具名投刺。”在考试制度极不正常的情况下，居然出现“无解进士”：“唐相令狐绹子滈，招权纳贿，不拔解而就试，天下号‘无解进士’。”（《实宾录》卷一）。当时，令狐父子极其猖狂：“绹既公然进状，请试春官。滈则元在京都，不经举进，明言拔解，傍若无人。”（《册府元龟·谏诤部·直谏》）这取解的七、八月，槐花最黄，举子最忙，最符合此谚：“槐花黄，举子忙。”

总之，七、八月是举子们最忙的时候。生徒忙于所在学馆的考试，或如令狐绹的儿子为谋求“拔解”（免试）而走关系。乡贡则为赴举而忙于投牒。或忙于“乡饮之礼”，如欧阳詹在《泉州刺史席公宴邑中赴举秀才于东湖亭序》中云：“贞元癸酉（793）……秋七月，与八人者乡饮之礼。既修，乃加之以宴肴。”时谚“槐花黄，举子忙”，主要是指这些情况。

四

关试以后，也会有一段“槐花黄，举子忙”的经历。《登科记考》说“四月送吏部”。一般情况下，吏部的铨选是在四月。唐制，唐进士及第之后要参加吏部的铨选，合格者方可授官，这就是吏部试。由于唐代进士考试的时间不像明清那样固定，吏部试的时间也会随之变化。当然，特殊情况要特殊对待，如上文所举文宗太和八年，进士试推迟一个月，则是二月，送吏部也会相应推迟到五月，这就更应验了“槐花黄，举子忙”之谚。

唐代礼部试进士、明经，及第后称“出身”。须经吏部考试合格后，才能配官，称为“释褐”。吏部主持的这次释褐试称为“关试”或“春关”。

胡震亨说："关试，吏部试也。进士发榜敕下后，礼部始关吏部。吏部试判两节，授春关，谓之关试，始属吏部守选。"（《唐音癸签·诂笺三》"进士科故实"条）这个"关"是关白的意思，即礼部将及第举子的姓名及有关材料移交吏部，吏部试判两节，这叫"关试"。吏部颁发的有关凭证也称"春关"。其时间在暮春，如无可《送邵锡及第归湖州》云："春关鸟罢啼，归庆浙烟西。"大约已延至四月底五月初。此时，未中选者，要为来年的"关试"作准备，还要来一番"槐花黄"时的"举子忙"。有的为了生计，可能要入幕府，一边工作，一边准备下次铨选。如韩愈"三选于吏部卒无成"后，贞元十二年、十五年先后入董晋幕和张建封幕，直至十六年除四门博士。可是为了参加来年的吏部试，也仍然须下一番"槐花黄"时的"举子忙"的功夫。这里还有一种情况，通过了礼部试，"关试"也合格，可是仍未授官，这时要应试作为"制科"的博学宏词科或书判拔萃科。如果及第，一般即授予官职。当然，这两种制科，应试不一定在"槐花黄"的时节；如果在，也应了此谚："槐花黄，举子忙"。

另外，关于明经科的考试时间和放榜时间。徐松《登科记考·凡例》云："明经亦试三场，先帖经，次口试，次答策三道。其试期史无明文。《河东记》载韦丹举五经，元长史言于明年五月及第，疑试明经在进士放榜后。"徐松怀疑明经考试时间是在进士放榜之后，是揣测之言。据《唐摭言·杂记》记，高祖武德四年（621）四月十一日，敕诸州参加明经、秀才、俊士试的举子们也是通过应有的选拔考试后，"每年十月随物入贡"（按："十月"可能是"十一月"之误），即与应进士试的举子一样，同时由"朝集使"送至尚书省，"斯我唐贡士之始也"。关于明经科考试、放榜时间的文献记载很少，徐松因有五月放榜之说。其实，《河东记》记韦丹中明经五月及第事，是小说家言，不足为据。我们以为，明经科的考试时间亦在正月。这里有一则材料："（宪宗元和）六年正月癸丑，礼部奏国子监学生郭东野怒决棘篱，折明经墨义榜，毁裂诏。杖东野五十，配流韶州。"（《册府元龟》卷一百五十三《帝王部·明罚第二》）明经考试时令士子笔答经义，谓之"墨义"（一般十余条）。从"折明经墨义榜"看来，其墨义一场已在正月癸丑放榜；不放榜，哪来"折"？则证明明经试亦在正月。这是一则非常重要的材料。我们又从《唐会要·贡举上》中找到了另一则材料，可以佐证之："至（上元）二年正月十四日，明经咸试《老子》策二条，进士试帖三条。"上元二年是675年，是唐高宗年号；元和六年是811年，是唐宪宗年号。从这两则材料可以断定：在有唐近一百四十年间的明经科与进士科考试时间都在正月。这两则材料，《登科记考》未见之，因有五月放榜之说。傅璇琮先生《唐代科举与文学》未见之，只好推测与进士科同时。既已证明正月考试，放榜时间也应与进士放榜同时或相近。黄滔《送人明经及第东归》诗有云："亦从南院看新榜，旋束春关归故乡。""亦"字是承礼部南院放进士榜而来，即说明经榜也是在南院放的；"新榜"是区别于此前作为进士榜的"旧榜"。随后通过吏部试（明经出身也要过吏部试才能授官），拿着吏部颁发的凭证归故乡了。体会黄诗可知，明经的放榜时间比进士科放榜略晚：可能先是进士科放榜，接着是明经。这两科考试应是由礼部统一组织的，不可能是另行安排。当然，不论中选与否，都与进士试的举子们一样，两度经受"槐花黄，举子忙"的磨炼。

从本年七、八月的为赴京赶考作准备，这时正是"槐花黄"的季节；到来年五、六月落第举子的过夏、做夏课和秋卷，准备新一年的考试，这时也是"槐花黄"的季节。因而，从时间上说，这两个过程几乎是一个首尾对接的循环，是前后两个阶段，每个阶段都能赶上"槐花黄"的时候，这应是对"槐花黄，举子忙"较为全面的理解。

本文为国家社科基金项目"唐音四变与民俗化新研究"（15BZW065）及"山东大学学科高峰计划重点学科项目"阶段性成果。

（作者单位：山东大学儒学高等研究院）

梦与《牡丹亭》的结构艺术

沈珍妮

汤显祖被誉为“东方的莎士比亚”，著有传奇五种，其中“玉茗堂四梦”在明清传奇中具有重要的地位。而在“四梦”中，尤以《牡丹亭》为最。《牡丹亭》被称为16世纪最优秀的戏剧作品，在当时“家传户诵，几令西厢减价”，时至今日，依然在案头场上备受人们喜爱。《牡丹亭》塑造了“古典戏曲中最可爱的少女之一”杜丽娘。而杜丽娘故事的姻缘，全在一个“梦”字。《牡丹亭》中的梦一方面有成型的杜丽娘故事的奠基，一方面又有着自己独特的艺术价值和结构特色，是全剧的关键。在了解原有的杜丽娘故事的基础上，才能更好地解读《牡丹亭》中的梦与其结构艺术。

一、杜丽娘故事的共同梦境分析

(一)《牡丹亭》的“改编说”及杜丽娘故事

我国古代的多数小说、戏曲在其最终完成之前都经历了长时间的流传，《牡丹亭》中的杜丽娘故事也不例外。《牡丹亭》是杜丽娘故事的最终写定，而在汤显祖完成《牡丹亭》之前，杜丽娘故事已经基本成型，甚至已经取得了较为广泛的流传。这个基本成型的杜丽娘故事就是汤显祖《牡丹亭》的原材料。在探究梦与《牡丹亭》结构艺术的时候，汤显祖对于杜丽娘故事的完善、对于固定要素的运用和发挥都是构成其结构艺术的重要方面。

关于《牡丹亭》的创作，现在普遍认同“改编说”，我们可以确定的是它是具有蓝本的。像古代大多数小说、戏剧一样，杜丽娘故事在最终写定前也经历了长时间的流传。关于《牡丹亭》的成书年代，我们采用徐朔方所主张的万历二十六年说。在几个传世可见的杜丽娘故事中，晁瑮《宝文堂书目》著录的《杜丽娘记》和胡文焕《稗家粹编》收录的《杜丽娘记》都可以确定早于汤显祖的《牡丹亭》。另外，还有何大伦本《燕居笔记》收录的《杜丽娘慕色还魂》、余公仁本《燕居笔记》收录的《杜丽娘牡丹亭还魂记》、卓发之《漉篱集》收录的《杜丽娘传》。但根据现有的研究来看，虽然无法确认在现存的几个杜丽娘的文本中何者为其蓝本，但汤显祖的《牡丹亭》源于改编，是可以有定论的。并且，无论是何种体裁、何种版本，它们在主线故事的演绎上具有高度的一致性，也就是说在当时杜丽娘故事已经基本成型，也就不会对本文有关杜丽娘故事“梦”的研究产生较大的影响。

（二）杜丽娘故事中的梦境

在各个版本的杜丽娘故事中，梦的基本情节已经定型。关于梦境，基本可以分为两个部分：一是梦的本体即杜丽娘之梦，二是写真。关于杜丽娘梦境的描写，在话本《杜丽娘慕色还魂》中记叙如下：

> 方才合眼，忽见一书生，年方弱冠，丰姿俊秀，于园中折杨柳一枝，笑谓小姐曰：“姐姐既能淹通史书，可作诗以赏之乎？”小姐欲答，又惊又喜，不敢轻言。心中自忖，素昧平生，不知姓名，何敢辄入于此？正如此思间，只见那书生向前将丽娘抱去牡丹亭畔、芍药栏边，共成云雨之欢，两情和合。忽值母亲至房中唤醒，一身冷汗，乃是南柯一梦。（何大伦本《古本小说集成·燕居笔记》）

在《杜丽娘记》中则为：

> 才方合眼，忽见一书生，年方弱冠，于园中折杨柳一枝，笑谓小姐曰：“姐姐既能通史书，可作诗咏此柳乎？”小姐欲答，又惊又喜，不敢轻言。心中自忖，素昧平生，不知姓名，何敢辄入于此？正如此思间，只见一生向前将小姐抱去牡丹亭畔、芍药栏边，共成云雨之欢娱，两情

和美。忽值甄氏至房中唤醒，一身冷汗，乃是南柯一梦。(余公仁本《古本小说集成·燕居笔记》)

在《稗家粹编》和余公仁本《燕居笔记》中的《杜丽娘记》情节几乎一致。

由上述的几个作品中关于梦的叙述我们可以发现，杜丽娘故事中关于梦的叙述是高度一致的，梦的情节简单到只由“少女春梦”四个字就可以加以概括。就故事结构而言，在杜丽娘故事的共同梦境中，梦境交通人物、连接时空，是一线姻缘所牵，也是为杜丽娘的至情所设置的理想花园和理想梦境。梦的基本职能在杜丽娘故事的共同梦境中已经被确定了，但在《牡丹亭》中得到了高度的发展。

(三)杜丽娘故事中的写真

杜丽娘是向死而生的奇女子，梦的醒来不是梦的完结，她的死亡也不能阻止梦和感情的向前发展。作为整个故事支撑点的梦，在将杜丽娘带向死亡之后，就把自己的任务完整地交托给了杜丽娘的写真。除线索作用之外，写真在这个故事中所扮演的角色也值得玩味。杜丽娘死后与柳梦梅相会过程中的“杜丽娘”被分为三个部分：被埋在梅树之下的肉身、写真和魂魄。在情节发展上，写真指引柳梦梅和杜丽娘的相遇；在杜丽娘的单线上，写真则是魂魄与肉身之间的过渡。写真的完成是杜丽娘死亡的一个重要铺垫，是生死之间的重要站点。

写真是以杜丽娘真身为摹本的偶像，不同于模仿肢体的“偶”，写真属于观念化和意识化了的“像”。作为梦境和杜丽娘实体的双重载体，写真一方面用春容指向杜丽娘的真身，一方面又在诗句中指向杜丽娘爱情追寻的柳梦梅。写真出现的意义首先是在这个故事中需要一种对抗时间的武器。梦境是空间上的超越，写真则是时间上的定格。“偶像之所以能僭越真身，恰恰得益于偶像自身的物质性，物质与生命相比，具有固定性、可保存性，有生命的真身只有被偶像物质化才能与时间抗衡。”(汪晓芸《人·鬼·神戏曲形象探源》)写真是被安排代替杜丽娘在花园原地等待来圆梦的柳梦梅的，活生生的杜丽娘受到生死的限制，写真作为一个没有生命的影像反倒显示出优越的“固定性、可保存性”，写真承担的也就是一般意义上的信物的作用。写真的出现另一方面则是杜丽娘起死回生的重要环节。写真上描摹的是杜丽娘的真实面貌，在一定程度上甚至可以认为是杜丽娘的分身或者说是一部分灵魂。由于和真身的相似性，画像在很多时候会成为真身的替代品或者幻化出真身。写真是杜丽娘的魂魄与这个真实世界最实在的联系。因此在回生之前，它代替肉身成为杜丽娘魂魄的依靠。

总体而言，故事虽有起死回生之奇事，却少了缠绵悱恻之婉转跌宕。这些故事或由于体裁篇幅的限制，或囿于创作者的才情，都没能将此千古至情女子的生死爱恋表现得淋漓尽致。而幸好至情的杜丽娘遇到后世一知己：正是至情的汤显祖，才能以生花妙笔将杜丽娘这一段为“不知所起，一往而深”的情“可以死，可以生”的热烈、纯洁的爱情展现出来。

二、《牡丹亭》梦境分析

（一）《牡丹亭》创作综述

《牡丹亭》的梦境是在成型的杜丽娘故事之上的演绎，是基于其基本要素的生发和完善。我们可以将《牡丹亭》中创作演绎后的梦大致分为三个层次：第一层是原始因素，即柳梦梅之梦和杜丽娘之梦；第二层是写真及相关情节；第三层是基于梦境和写真的杜丽娘与柳梦梅的现实相认。而在这三个层次中又有三个复杂意象，即柳梦梅之梦、杜丽娘之梦和写真。这三者中的构成因素分别为：柳梦梅之梦中的梅树、美人和姻缘仕途的预言；杜丽娘之梦中的生、柳、花神和花园；写真中的美人、诗句和青梅。而在基本的杜丽娘故事中，原有的要素是柳梦梅的名字、杜丽娘之梦和写真。通过原有的故事要素与《牡丹亭》中的要素比对，我们可以发现，集合了杜丽娘、杜丽娘的梦境和“柳梦梅”的名字的写真，成为情节转换的强大的枢纽。

和之前的杜丽娘故事一样，杜丽娘的梦境作为主要故事的开端和引子，不能用大量的笔墨加以描写。在《牡丹亭》中，真正叙述梦境的也只有《惊梦》一出，以梦为名的则还有《寻梦》一出，在全剧五十五出中所占的比例并不大，却是精华所在。“无论其他，即汤若士《还魂》一剧，世以配飨元人，宜也。问其精华所在，则以《惊梦》《寻梦》二折对。”（李渔《闲情偶寄》）

虽然专为写梦的内容不多，但是在《牡丹亭》中，梦又的的确确贯穿了故事的始终，在梦出现之前，我们对梦充满了期待，在梦完成之后，又激起对梦的回味。

（二）梦境本身的结构艺术

1.杜丽娘之梦的丰富

在其他的杜丽娘故事中，梦境的记叙只是简单勾勒出了事件的大致经过。而在《牡丹亭》中，不仅是细节的补充和文字的描绘，作者还在这个梦境中加入了一个角色：在杜丽娘与柳梦梅云雨之时出现的花神。花神这一个角色的加入，从戏剧的舞台表演上看，是对杜丽娘、柳梦梅二者云雨时的一种视觉转移；从内容和情节上来看，花神的出现是对柳梦梅、杜丽娘是天作之合的一种直接宣告，这就为他们所做的云雨之事建立了合理的基础。这种宣告带着神力，于杜丽娘和柳梦梅的姻缘而言，是上天加持的福祉；于看客而言，是对道德矛盾的一种弱化。在结构上，花神的出现则又与杜丽娘身死离魂之后的地狱审判、胡判官的评价与姻缘簿的记载等一系列情节串联起来，引出另一番天地。因而，花神的加入极大地丰富了杜丽娘的梦境。

在梦中，花神“拈片落花儿”惊醒了柳梦梅，并降下了“梦毕之时，好送杜小姐仍归香阁”的神旨。就此处而言，“花神惊梦”美而无功，但从全剧来看，实则是为下文埋下的伏笔。在《惊梦》中，柳梦梅为落花惊醒，并接受了花神的安排，所以后来柳梦梅送杜丽娘依前作睡，杜丽娘也又复如梦前的痴睡。正是这样的安排，使得梦境与现实极大程度地重叠了起来，愈发模糊了这一场梦与现实的界限。被母亲叫醒的杜丽娘既是从梦中醒过来，又是从梦中的梦中醒过来，这大大加深了这个梦的复杂性，耐人寻味，是极精彩的一笔。

2.柳梦梅之梦的呼应

让杜丽娘的这个梦变得更为丰富和绚丽的重要创作就是在《牡丹亭》的第二出《言怀》中，加入了一个柳梦梅的梦：

> 每日情思昏昏，忽然半月之前，做下一梦。梦到一园，梅花树下，立着个美人，不长不短，如送如迎。说道：“柳生柳生，遇俺方有姻缘之分，发迹之期。”因此改名梦梅，春卿为字。

叙述半月之前的神秘梦境就是柳梦梅的出场方式。在柳梦梅与杜丽娘未相遇之前，他们的现实发展各自独立。柳梦梅的梦的创作，其基本骨架来源于“柳梦梅”的名字和写真上的诗句。作者利用诗句中的“他年得傍蟾宫客，不在梅边在柳边”的提示，对应地写下姻缘仕途的预言，而静立梅下的美人就来源于杜丽娘葬于梅树之下。柳梦梅的梦的出现，从内容上圆满了在其他的杜丽娘故事中尚显残缺的部分。在其他的杜丽娘故事中，对于柳梦梅的名字做出的解释是“因母梦见食梅而有孕，故此为名”，这种解释虽然没有不合理的地方，但并没有为故事增色。而在《牡丹亭》中，柳梦梅则是因为梦而改了名，这个名字显然对于故事有了更重要的意义。柳生为梦改名为“梦梅”，而杜丽娘则是为梦发出“此莫非他日所适之夫姓柳乎？”的疑问，这两个梦真正成为他们互相追寻的根源。而在另一个方面，柳梦梅在杜丽娘的梦中折柳而来，杜丽娘则在柳梦梅的梦中静立梅下，梅与柳、杜丽娘与柳梦梅的对应象征关系就更为明确了。而从结构上来说，柳梦梅的梦与杜丽娘的梦的交织也成为主线故事发展的重要线索。

3.两个梦境的交织

从整部戏剧来看，梦境的交织是主线情节发展最重要的线索。而两个梦境分别归属于我们的男女主角，这一段天定的姻缘虽然让他们互相入梦却没有直接将二者的现实与梦境打通，而是在千丝万缕的关联中一步一步被拉近。首先我们要看柳梦与杜梦发生的时间关系。柳梦梅的梦出现在第二出《言怀》中，梦中的杜丽娘是以一个预言者的身份宣布了他的爱情与仕途命运，梦中的杜丽娘即是以杜丽娘的形式出现的天命。柳梦梅的梦一定出现在杜丽娘的梦之前，因为柳梦梅为着那一梦才改名换字，才有他在杜丽娘的梦境中折柳而上的情节与名字之间猜测的可能性的成立。汤显祖将柳梦梅的名字来源重新定义之后，整段姻缘实际上就完全成了两个梦境的对话。杜丽娘的梦境之后呼唤的柳梦梅其实是柳梦梅的梦境造就的柳梦梅。在这样的意义上讲，如果说其他的杜丽娘故事是一个梦境在寻求现实的认可，那么在汤显祖的《牡丹亭》中，诚然是两个梦境的造化之功。在《牡丹亭》中，这两个梦境看似是柳梦梅与杜丽娘的生发产物，但事实上，他们才是真实的、有力的、翻云覆雨的宿命。

在两个人的梦中，二人各自的角色也有所不同：在柳梦梅的梦中，柳梦梅是天命的聆听者；而在杜丽娘的梦境中，杜丽娘也是造梦者之一。梦中的柳梦梅是天命降下来成全杜丽娘的，梦中的柳生一面为天命代言，一面又为杜丽娘自己代言。“如花美眷，似水流年，是答儿寻遍。在幽闺自怜”从柳生口中说出，熨帖的却是杜丽娘的肺腑，这又何尝不是杜丽娘发出的慨叹？与梦前杜丽娘的“良辰美景奈何天，赏心乐事谁家院”“可惜妾颜色如花，岂料命如一叶乎”俱是一言。杜丽娘梦中的柳梦梅虽然是现实中的柳梦梅的投射，但是其内核精神是由天命与杜丽娘的意志操控的。

在柳梦梅之梦与杜丽娘之梦的篇幅、内容对比中，我们也能够感知到柳梦梅这一个角色在戏剧中的位置。与寻常的戏剧设置相反，他不是出彩的男主角。但也不得不说，在一定程度上，正是柳梦梅这一形象的暗淡和模糊，才让杜丽娘的颜色格外浓烈。特别是在《牡丹亭》的前半部分，与其说是杜丽娘与柳梦梅的故事，倒不如说是在天命与现实之间的杜丽娘个人孤独的抗争，而柳梦梅，则是抗争最后天命下的现实成全和情理出口。所以在《牡丹亭》中的柳梦梅是现实的，而杜丽娘才是超前的。

4.两个梦境的独立

在两个梦境都完成之后，梦境线索的交织要从梅花观中柳梦梅拾画开始，梦境交织的一部分就是前文所提到的被寄寓在写真上的线索作用。应该说，梦境交织的一大部分功能是由写真与两个梦境的互动完成的。在杜丽娘的魂魄认定了房中书生柳梦梅即梦中之人并大胆上前自荐枕席的时候，有一段两个梦境之间的对话：

> “（旦）俺不为度仙香空撒花，也不为读书灯闲濡蜡。俺不似赵飞卿旧有瑕，也不似卓文君新守寡。秀才呵，你也曾随蝶梦迷花下。”“（生想介）是当初曾梦来。”“（旦）俺因此上弄莺簧赴柳衙。若问俺妆台何处也，不远哩，刚刚在宋玉东邻第几家。”“（生作想介）是了。曾后花园转西，夕阳时节，见小娘子走动哩。”“（旦）便是了。”

这一处中柳梦梅回答的“是当初曾梦来”，看似是对杜丽娘梦境的回应。

在第三十九出《如杭》中，却给出了相反的答案：

>“(生)生受了，娘子。一向不曾话及：当初只说你是西邻女子，谁知感动幽冥，匆匆成其夫妇。一路而来，到今不曾请教。小姐可是见小生于道院西头？因何诗句上‘不是梅边是柳边’就指定了小生姓名？这灵通委是怎的？”“(旦笑介)柳郎，俺说见你于道院西头是假。我前生呵！
>
>偶和你后花园曾梦来，擎一朵柳丝儿要俺把诗篇赛。奴正题咏间，便和你牡丹亭上去了。(生笑介)可好哩？(旦笑介)咳，正好中间，落花惊醒。此后神情不定，一病奄奄。这是聪明反被聪明带，真诚不得真诚在，冤亲做下这冤亲债。一点色情难坏，再世为人，话做了两头分拍。”

从这里我们得到了答案，现实中的柳梦梅不是梦中的柳梦梅，对于杜丽娘为之而死的梦是没有感知的。那么，在前一段中，柳梦梅的回答“是当初曾梦来”则是对自己的梦境的回忆。也就是说，在杜丽娘道出梦境之前，这二人都是在各自的梦境里面认知彼此，并且到最后，柳梦梅的梦境也不曾为杜丽娘得知。在《吴吴山三妇评点〈牡丹亭〉》评论《言怀》中柳梦梅自叙其梦处就说道：“淡淡数语述梦，便足与后文丽娘入梦，有详略之妙。柳生此梦，丽娘不知也；后丽娘之梦，柳生不知也。各自有情，各不自以为梦，各遂得真。”(《吴吴山三妇评本》)也就是说，直到《如杭》一出之前，二者的爱情都是各自梦境的美满。柳梦梅认为遇见的是梦中给予他未来预示的女子，而写真指引他找到了她；杜丽娘通过写真也找到了她梦中的持柳书生，前日为爱而不得而死，得时自然是起死回生。杜丽娘与柳梦梅“各遂得真”，成真的也都是各自的梦境。这两条梦境线索除却在写真上的重合外，则是二者以自己的梦境回应对方的梦境是造成的感知错觉。一个改名换字，一个一梦而亡，一个接受的是命运的指示，另一个则是遵从了自己的心愿。杜丽娘告知柳梦梅自己的梦境，则是这个梦境的句号，它的任务就此完结。梦境是这一段生死之间的纽带，姻缘成就之时，就是梦散时分。

(三)《牡丹亭》中写真的线索作用

在《牡丹亭》中，写真从被动转为主动，被赋予了更大的作用和价值。

从《写真》一出开始，梦境在《牡丹亭》中的线索作用被分为两个部分，一个是梦的本体，一个是留存于写真上的画像和诗句。写真在第十四出中完成，在第二十出中被藏于太湖石下，在第二十四出《拾画》中被柳梦梅拾到，更有《玩真》一出专门写柳梦梅对写真的赏玩。写真的相关情节在整部戏剧中诚然占据了较大的篇幅。在杜丽娘的魂魄与柳梦梅的相认过程中，写真与梦境两大线索一分一合，都起到了关键的作用。写真描绘的是杜丽娘生时为梦所苦时的形象，诗句记录的则是梦境的预示之词。在原有的杜丽娘故事中，写真是依附于“柳梦梅”的名字的，即写真是为了指示柳梦梅而出现，是被动的。但在《牡丹亭》中，柳梦梅的梦内容是基于诗句“他年得傍蟾宫客，不在梅边在柳边”与“柳梦梅”的名字这两个杜丽娘故事原有的素材而产生的。在加入柳梦梅的梦境之后，写真成了两个梦境的载体。因而在有了柳梦梅的梦境的《牡丹亭》中，写真在很大意义上成了生发者，占据了更大的主动性。

关于寄寓在写真上的线索作用可以概括为：杜丽娘写真留记，杜丽娘死后藏写真于太湖石底，柳梦梅拾到写真，柳梦梅看到诗句并意识到与自己的梦相关，且画上女子又酷肖其梦中女子，柳梦梅在写真上和诗一首，杜丽娘通过写真上的诗句下的名字意识到柳梦梅正是自己的梦中人，后杜丽娘表白自己就是画中的人物。梦境为虚，因而就有了在写真中的实化；丽娘、柳生为真，写真则又是二者的虚存。写真非梦，却是杜丽娘的梦境的产物，也是柳梦梅的梦境的源头，二者在一幅画上分别看到了自己的梦境，并通过这样的认知一步步相遇。而在二者的认知过程中，杜丽娘通过画上诗下所题的名字就得知梅花观中拾画的书生是柳梦梅即梦中的男子，而柳梦梅则是通过画中的诗句将画中女子认为是梦中女子，而在杜丽娘的表白后才知道画中女子就是杜丽娘，这也就是说画中女子是柳梦梅的梦中女子即杜丽娘。在这两条认知路线中，画与两个梦都紧紧交织在一起，从对于画的认知开始，杜丽娘由虚入实，而柳梦梅则是由实入虚又入实，而在画的线索作用中，虽然梦境还没有整合，但是现实已经交织结合，写真诚然是虚实之间的重要桥梁。

三、结论

在《牡丹亭》中，梦真正成为故事发展的关键。作者在原有的杜丽娘故事的素材中生发出了更为玲珑、精致的梦境。其中，“柳梦梅”的名字、写真诗句是梦境演绎的主要素材。二者与梅树埋骨的结合生发出了柳梦梅的梦境，柳梦梅的梦境的加入与杜丽娘的梦境产生呼应与交织，使得情节丝丝相扣，显得更加完整和缠绵。在《牡丹亭》中，写真作为重要原材料，其价值和地位被大大提高，成为背负两个梦境和二人身份的重要线索。《牡丹亭》别出机杼、构思精巧的戏曲架构显示出了汤翁在戏剧上的天才手笔，《牡丹亭》也当得起“精极，妙极，趣极，无处不是第一”的评价。

（作者单位：山东大学尼山学堂）

在纪念牟世金先生诞辰九十周年大会上的讲话

赵璧清

我能来参加这个大会，倍感珍惜；能见到大家，非常高兴。

先生从小热爱中国传统文化，他在青岛当兵，海军青岛基地毗邻山东大学，他极为羡慕校园里的大学生们，一心想进入山大学习，复员转业后便投考了山东大学，毕业后留在了山大，再也没有离开。他非常热爱山大，热爱他为之奋斗的中文学科，更热爱《文心雕龙》和“龙学”事业。

先生热爱党，一生追求进步。1984年7月1日，先生入党，时年56岁。他非常激动，写了一首诗：

满江红（七一抒怀）

阴历六月初三，已五十六周岁矣，适逢七一，又获新生，欢庆之余，写以志怀。

吉日良辰，庆双喜，新潮荡激。频回首，心酸岁月，五更多急。地覆天翻人世改，欢来苦去豪情溢。恨此生难报九天恩，怀春泽。

新生命，全心缉；万丈锦，从头织。有伯乐在世，老骥伏枥。赤胆将驱凌云志，忠心能使生花笔。叹夕阳怎似沐朝晖，迎红日。

先生也爱我们的小家。在我40岁的时候，他也写了一首诗：

积善于家，垂勋无涯。金玉其质，龙凤其华。

五年后，先生离我而去，正是这首诗，激励我勇敢地活下去，撑起了这个小家。先生的三个孩子都已长大成人、成家立业，牟楠育有一儿一女，大孩子在弗吉尼亚大学。牟新的儿子牟文龙被保送北大，毕业后被美国伯克利大学录取读博士。牟大钊也有一儿一女，孩子今年也要考大学了。

幸福的生活总是伴随着酸甜苦辣的，我会更好地活下去。为更好地传承“龙学”，发扬“龙学”精神，十年后，先生百年诞辰的时候，我们再相聚吧！

谢谢大家！

（作者系牟世金先生夫人）

《国学茶座》稿约

山东大学尼山学堂创办《国学茶座》的目标是“普及国学知识，发表国学新见，培育国学新人”。欢迎高层次的国学家为我们撰稿，也欢迎大学、高中教师以及大学生、研究生或国学爱好者为我们撰稿。文章内容涉及九经三传、语言文字、史传地理、政治经济、军事外交、国家民族、风俗礼制、金石图书、周秦诸子、宋明理学、天文历算、琴棋书画、花鸟服饰、建筑陈设、饮食起居、农业园艺、中医养生、宗教信仰、诗文词曲等方面者皆可。既注重知识的介绍，又注重探幽抉微，阐发新见。典籍之流传，学问之演变，人物传记，史事本末，诗文品藻，文字训释，均所提倡。总以深入浅出，娓娓道来，是所宗尚。

《国学茶座》自2013年出刊，每年四期，简体汉字。稿费标准：每千字70元，特稿每千字100元。作者赠样书2册。投稿电子信箱guoxuechazuo@126.com。来稿请注明作者姓名、单位、通信地址、邮政编码、电子信箱、联系电话等。

一入龙门，恩情似海

——纪念牟世金先生诞辰九十周年

戚良德

写过好几篇有关牟先生“龙学”成就的文章，但很少涉及跟从先生治学的一些琐事。在纪念先生诞辰九十周年的时候，很想静下心来，回顾随侍先生左右的日子。那些充满温馨的时刻，那些不足挂齿的小事，并未如烟消散，而是历久弥新，镶嵌在记忆深处。据说，这便是人老的标志，该记的没记住，该忘的忘不了。

一、龙门翘望

1981年9月1日早上6点，我在沂水长途汽车站坐上开往省城济南的长途汽车，经过6个小时的颠簸，到达济南长途汽车站。下车等了约半小时后，连行李带人一起乘上了山东大学迎接新生的大卡车，约一个小时后到达学校的报到处，爬下大卡车，一位和蔼的中年女老师给我办理了入学手续。一位陌生而热情的男同学帮我提着行李，领我来到一栋新落成的六层楼前，告诉我六楼西头的638就是我的宿舍。后来知道，那是10号宿舍楼，这里就是山东大学新校（也就是现在的中心校区），我将在这里度过四年的大学时光。

随后，我买到了一本大红色封面的“山东大学手册”，装帧很像我见过的一种“毛选”，塑料封皮、软精装，封面上印着金色的“山东大学”（篆体）字样。手册的前半部分有关于山大的介绍，图文并茂，还有《常用古诗名句选注》《标点符号用法》，大概因为这个手册是山东大学校刊编辑室编的，所以里面还有一篇《校对符号及其用法》（我后来校对清样时，都是按照这个《用法》做的）。手册的后半部分是笔记本，那是我平生第一次拥有如此奢华的笔记本。这个手册我一直保存至今。手册中有一篇《山东大学的沿革和现状》，我当时读了不知多少遍，里面介绍了不少山大名人，尤其是后面的图片中，不时出现陆侃如的形象和他的大名，尽管那图片不甚清晰，但还是给我留下了最深刻的印象。

入学一年半后的1983年3月9日，我在山大新校著名的小树林旁边的山大书亭，买下了我的第一本《文心雕龙》书——陆侃如、牟世金先生的《文心雕龙译注》下册（齐鲁书社1982年版）。我没说"买到了"，而是说"买下了"，是因为那是略有犹豫之后才买的。这还要从刚入学时说起。那时候大学新生没有军训，第一周是入学教育。在入学教育的间隙，好像是被上一级的老乡领到了山大书亭，看到了《文心雕龙译注》的上册（齐鲁书社1981年版）。当时之所以关注这本书，是因为看到封面上陆侃如的名字，感到非常亲切，很想买下，但不知道自己是否应该读《文心雕龙》。刚入校的我，对这么一大笔开支（上册定价1.25元）非常慎重。犹豫再三，还是放弃了。随着读书生活的开始，我熟悉了牟世金先生的大名，并从中文系图书馆借到了他的《文学艺术民族特色试探》（齐鲁书社1980年版）一书。读完这本薄薄的大著之后，我毫不犹豫地跑到山大书亭，但那本《文心雕龙译注》（上册）已经没有了。这件事情也就暂时被搁置，直到我在书亭看到了《文心雕龙译注》的下册。我没有上册，要先买下册吗？但一想到很快就没有了的上册，我来不及多想，便买下了。这就是上文所说的"略有犹豫"。买到下册之后，我开始寻找上册，3月28日，我在济南火车站附近的古旧书店买到了。从此之后，我就准备做牟先生的学生了。屈指算来，至今正好35年。

二、龙门初入

大四上学期，也就是从1984年9月份开始，我便全力备考牟先生的研究生。与现在相比，那时的考研有两个明显的不同：一是没有今天的考研大军，招的少，考的也少，由于本科毕业便可有不错的去处，多数同学也就不准备考研，凡是考研的同学，大概都是对学术研究有兴趣的。二是要先确定自己准备报考的导师，类似于今天考博，专业和研究方向的划分比现在要细得多。牟先生招生的专业是中国文学批评史，研究方向是《文心雕龙》。大约是在10月份的一天，我壮着胆子敲开了先生的家门。我告诉先生，我要报考他的研究生。先生微笑着说，当然欢迎。然后说：也有来信问考研问题的，我都告诉他们《文心雕龙》可重点看7篇，你也可以以这7篇为主。今天想来，具体是哪7篇，却不能十分确定了。

大四下学期，也就是1985年的春天，牟先生为我们开设“《文心雕龙》研究”的选修课。那时考研结束不久，尚未出成绩，学习委员田晓明同学知道我报考了牟先生的研究生，就安排我做了课代表。第一次上课前，先生告诉我这门课就用他和陆先生的《文心雕龙译注》做教材，但当时书店里已经没有这套书了。我便辗转找到位于胜利大街的齐鲁书社，为选课的同学每人买了一套。选课的同学大概有20人，平时听课的则只有十几位。实事求是地说，牟先生的课讲得并不十分生动，但平实质朴，没有任何废话，在诠释《文心雕龙》文本的同时，不时介绍“龙学”研究情况以及他自己的研究观点。由于我刚刚考过研，听得极为认真，或者说，我大概是课上听得最为认真的一个学生了。不仅认真，而且由于我已经读过先生不少文章，特别是《文心雕龙译注》前面那个长长的“引论”，我已经读了好几遍，所以先生的讲课，我自然听得进去，非常投入。我自己觉得，牟先生应该也是这么认为的，因为我经常感觉到先生在讲课间不时微笑着用略带嘉许的眼光看看我，那若有所思的神情，还有那带有明显四川口音的普通话（先生自称“南腔北调”），至今想起，仍宛在目前，萦绕耳畔。

课程进行了不久，研究生初试成绩便出来了，我的成绩可以说是喜忧参半，两门专业课的成绩分别是93、91分（满分100），自然是最高的，总分也是最高的，但英语没过线（好像是差4分）。我不知道能否继续上学，也没有问牟先生，就是傻傻地等着。先生也没有为此找过我，一如既往地上课，直到我被通知参加面试。面试小组只有牟先生和萧华荣先生两位，萧先生给我上过文学史，主讲魏晋南北朝文学。牟先生问我念过谁的批评史，我说读了郭绍虞和敏泽的。他就问我喜欢谁的。我说喜欢郭先生的。他听了略显惊讶，说："噢？那你说说为什么喜欢郭先生的？"萧先生兼做记录，问了我几个有关文学史的问题，我在回答过程中说到了文学发展与社会经济发展不平衡的问题，萧先生让我展开谈谈这个问题。面试结束后没有几天，我在文史楼北边的路上遇见了散步的萧华荣先生，我只叫了一声"萧老师"，他便说：复试没问题，你的理论功底不错。其实，他不说，我也不会问，我根本没有准备问，不是不想问，那时我的性格比较内向，根本不敢问。后来，萧老师调到了华东师大，我留校当了老师后去上海看他，他亲赴菜市场买菜，亲自掌勺，请我喝啤酒，自然说起了这件事情。萧老师说：我知道你不会问，所以特地告诉你的，你那时候有些自卑，农村来的孩子都这样。我默默点头承认。不过萧老师只说对了一大半，像我这种一个小县城的文科最高分考入山大的学生，自卑中都还带有一点点不服气，现在想来殊为可笑。

后来，中文系分管研究生招生工作的副主任徐超先生（他是我的古代汉语老师）给我讲了我被录取的经过。他说，牟先生想收我，可是外语没过线，他们二人便去研究生处找领导。牟先生对处长说：你不让我收这个学生，今年的两个名额我就不要了（牟先生那年有三个名额，已经录取了一个推免生，就是李景梅师妹）。就这样我如愿参加了面试，并最后被录取了。可以看出，当时的研究生招生政策相对较为灵活一些，同时，著名导师的话语权也比较大。要是现在，你那两个名额不要更好，能吓到谁呢？我被录取的这个过程，牟先生从未对我提起过。

我如愿以偿地成了牟先生的研究生，本科毕业论文指导教师自然也就选择了先生。我给自己定了一个大题目：从孔夫子到白居易——中唐以前中国古代现实主义理论的发展。这个题目完全来自先生发表在《文心雕龙学刊》第一辑上那篇《刘勰对古代现实主义理论的贡献》的启发。初稿写了大概三万字，虽有"半折心始"之感，但还是不无得意地交给了先生。一个多星期后，先生便将改好的稿件给了我。记得先生说，文章还可以缩短一些，语言要精炼。那是先生第一次为我修改文章，工整的小楷遒劲有力，在我那有些潦草的字迹边，显得颇为醒目。我按照先生的要求，把文章删减了不少，但什么是“精炼”，当时并没有很深的体会。

本科毕业前夕，我抱着我们中文八一级专门印制的毕业纪念册，来到先生的书房，请他题字。先生思索片刻，拿起毛笔，在第一页上写下了八个字：继续前进，从头开始。下面还有一行略小的字“良德同志毕业誌念”，后面是先生的署名，日期是7月2日（1985年）。

三、龙门问学

研究生期间，牟先生给我们开设了三门课程：六朝文学、古代文论和《文心雕龙》研究，上课地点都是在先生的书房。先生不再像给本科生上课那样，按部就班地讲课，而是先听我们说。比如《文心雕龙》，我们每周读一篇，上课的时候便就这一篇谈自己的想法。先是我们三个研究生各自谈，谈着谈着便产生不同的看法，大家开始争论，有时候还颇为激烈。牟先生听得很认真，略带微笑地看着我们争执，偶尔会插几句话。待我们说得差不多了，他开始进行总结性的讲解，讲解的过程中便会涉及我们刚刚产生的争论，分析我们的主要观点，并略加评论。但他一般不会点出是谁的观点，只是把我们的一些看法融入其中，进行综合性的评说。我们三个从先生家（就在校园对面，中间只隔着一条马路）回宿舍的路上，记得景梅师妹有时会指着我说，老师总是偏向他，从不批评他的观点。这时候，大师兄刘玉彬便宽厚地笑笑，不置可否。我听了自然是有些得意，便盼望下一次上课的日子，就像中学时代盼着周五下午的作文课一样。现在想来，亦颇为可笑，但那样单纯而温馨的学生时代，令人难忘。

先生鼓励我们提出自己的观点，尤其不止一次地说，要敢于向老师挑战。我一直记着这个话，并寻找机会，但那时读先生的书，读先生的文章，只觉得神完气足，论述精当，实在无从下手。但当我们讨论到《总术》篇的时候，机会终于来了。先生在他的《文心雕龙译注》的长篇“引论”中，有一小节的标题是“《总术》——创作论的总结”，但《总术》的开篇是“今之常言，有文有笔；以为无韵者笔也，有韵者文也”，然后是一大段论述文笔之分的话。对此，纪昀曾表示有些不解。他说：“此一段辨明文笔，其言汗漫，未喻其命意之本。”又说：“此一段剖析得失，疑似分明，然与前后二段不甚相属，亦未喻其意。”黄侃在他的《文心雕龙札记》中则说：“纪氏于前段则云汗漫，于次节则云与前后二段不相属，愚诚未喻纪氏之意也。”但黄侃还是从刘勰的本意来把握的，他说：“案彦和云：文笔别目两名自近代；而其区叙众体，亦从俗而分文笔，故自《明诗》以至《谐隐》，皆文之属；自《史传》以至《书记》，皆笔之属。”此虽就事论事，但我联系到《总术》篇的赞词：“文场笔苑，有术有门。”觉得刘勰先讲文笔之分，可能是有意的，则前后两段也就未必“不甚相属”，所谓“术”，不仅是创作论的问题，也是文体论的问题，刘勰所讲的每一种文体，不是都有其“术”在吗？则所谓“总术”，就不仅是“创作论的总结”，而是意味着，所谓创作论，乃是从“论文叙笔”的文体论而来的。于是，我把这些想法写在了自己的笔记上，讨论课上便大体读了一遍。记得当时先生总结时，并没有对我的想法作过多的评论，只是说：把你这个想法写成一篇小文章给我。很快，我就整理了一篇四千多字的短文面呈先生，题目是《〈文心雕龙·总术篇〉的地位及其理论意义》。牟先生接过文章翻阅一遍，提笔（毛笔）把题目改成了《〈文心雕龙·总术篇〉新探》，说：我给《文史哲》试试。我知道，先生是《文史哲》的编委。

大约1986年底的一天上午，我正躲在研究生宿舍的小壁橱里用功，同宿舍的李蓝一下子拉开壁橱的小门，大喊：戚良德，你先生来找你！我钻出壁橱，先生略为惊讶地笑了，说：你在这里面？我们的宿舍进门后，两边各有一个小壁橱，本来是供放置衣物用的，但都被我们改造成了一个读书的小窝，虽仅能容身，但躲进里面极为安静。我没想到先生到宿舍找我，显得颇为尴尬，手足无措，根本没注意到先生手里拿着几页纸。先生说：你尽快校一下，然后交给我。我慌忙接过那几页纸，等先生离开宿舍后，我才看到那上面印着我的《〈文心雕龙·总术篇〉新探》。我还没来得及多看几眼，李蓝兄便一把夺过去，说：先让我看一下。他很快看完了，我也很快校了一遍，然后午饭都没有来得及吃，便直奔先生家。先生显然心情不错，他笑眯眯地说：“我把文章给《文史哲》，他们说，老牟啊，你这只是研究生的文章，《文史哲》能发吗？我说：虽然是研究生，但这篇文章解决了自黄侃以来的一个小问题，你们不发，我就给《文学评论》。他们说：那就发吧。”这篇小文发在了《文史哲》1987年的第2期上。

四、龙门寒冬

1987年中秋节前夕，我们三个研究生一起到成都参加在四川大学举行的中国古代文论学会年会。牟先生原本说好带我们同行，但由于身体不适，未能成行，结果成了我们师兄妹三人的自由之旅。先生一向身体很好，中午没有午休，平时连感冒都很少有，所以偶尔的不适，我们都没往心里去，更不知道病魔已向先生袭来。我们三人先去了西安，然后去成都参会。说是开会，但没有老师跟着，我们三个都是第一次参加这样严肃的学术会议，谁也不认识，很难说上话，开始颇有些无所适从。但当说起我们是牟先生的学生时，那些早闻其名但从未谋面的大家学者，顿时便热情有加，令人如沐春风。这不仅让我们感觉到牟先生的人缘极好，而且也使得自己颇增几分神气，现在想来也真是好笑。当时给我留下深刻印象的有两位学者，一位是祖保泉先生，一位是蔡厚示先生。蔡先生仪表堂堂，神采奕奕，说起牟先生来滔滔不绝；祖先生则温文尔雅，颇具忠厚长者之风，那脱掉鞋子、挽起裤腿，赤脚蹚过都江堰的情景，颇为有趣，至今仍历历在目。

会议组织游览青城山的时候，我在山路旁边的小摊上，花了好像五块钱（现在记不清了），买了三块大理石的镇纸，一块是纯黑的，一块是花白的，一块是比较纯的白玉色。会议结束后，我们先去了重庆，过三峡时，我没能和师兄师妹同乘一艘船，结果一个人早到了武汉，又一个人坐火车至郑州，一路把那几块石头背回了济南。我拿了那块白玉色的镇纸，兴冲冲地来到先生家。牟先生给我开门，略显惊讶地说：哦，你回来了？甫一坐定，我鼓起勇气，拿出那块石头，说：这是我从青城山上买的。先生慈祥地笑笑，说：你自己留着用吧。我说，我还有两块，一起买了三块。先生便收下了。那是我平生送给先生的唯一一件礼物。然后先生说：你把会议资料给我看看。我说，那些资料我们嫌重，都留在宾馆了。先生听了脸色一沉，说：那个怎么能扔了呢？从那以后，三十多年来，我无论参加什么样的学术会议，所有的资料，都是片纸不落地带回来，再也不敢丢了。

1987年的冬天，我们开始写毕业论文。我给自己定的题目是“论刘勰的文艺观念”，下面列了十多个标题，满怀豪情地准备写一篇大文章。但听说不管写多长，只能打印三万字（那时的打印技术还比较落后，先用打字机打在蜡纸上，然后油印）。我用了一个星期左右的时间写完了第一章“道之文与文之道”的初稿，正好接近三万字，便以此为大题目，加了一个副标题“论刘勰的文艺观念之一”，誊写在每页四百字的稿纸上，交给了牟先生。当我拿回自己的稿子时，牟先生已经是在医院的病房里了。记得当时一进病房，我便看见先生倚靠在病床上，手里拿的正是我的那摞黄黄的稿纸。虽在病房，但我没觉得先生与平时有什么两样。他说，文章已经看完，并在上面做了一些修改，建议我不要指名道姓地批评别人，直接谈自己的观点就行了。

农历的1988年是戊辰龙年，牟先生的本命年，他的六十大寿。3月份，他完成了自己最重要的一部“龙学”著作——《文心雕龙研究》，他称这部著作是自己平生所能雕刻的一条“全龙”。不过，后来我才知道，这部著作的最后一章（第八章）“几个专题研究”，当时只在“目录”上列了四节标题的题目，只是从这些题目来看，都是先生发表过的文章。大概正因如此，先生没有及时整理这一章。直到一年以后的1989年春天，当先生再次住院以后，由于出版社催稿，先生才让我根据目录，把那一章整理出来。先生当时还说，你整理完后，可以写个后记，把情况说明一下。但当我整理完那四节内容后，直接寄给了人民文学出版社，并没有写后记。我当时想，说是整理，那其实是先生发表过的四篇文章，我只是把它们略微连缀了一下，成为一章的四节而已，没有什么好说明的吧？

戊辰龙年对先生有着非比寻常的意义，但这都是我后来才意识到的，当时并没有什么特别的感觉。甚至虽然知道先生得了大病，做了手术，但我也没觉得有什么了不起，因为每次见到先生，从心理上从未承认他是个病人。我们研究生毕业了，师兄师妹都离开了学校，但我自己则好像没有毕业的感觉，还是在老师身边，和老师一个教研室，见老师的次数更多了。也许唯一的不同，是先生告诉我，以后我就是《文心雕龙》学会的秘书了，要处理学会来往的信件，并准备编辑一期《文心雕龙学刊》。当然，还要接替先生给本科生开设“《文心雕龙》研究”的选修课，毕竟自己已经是老师了。

1989年从春至夏，我基本每两天去一趟医院，偶尔晚上也留下来，好让一直陪伴先生的师母休息一下。我一直觉得，先生当然会痊愈出院的，这还有问题吗？但事实是，先生的病情越来越严重，直到6月19日的下午，我眼睁睁地看到先生慢慢耗尽了他原本旺盛无比的生命力。看着师母给先生擦洗好身体，换上一套崭新的中山装，看着医护人员把先生推出病房，我不记得自己是否流泪了，只是怔怔地跟在后面，直到看不见先生为止。几天后，我再次来到先生躺着的冰冷的房间，和工作人员一起把先生抬上一辆大卡车，我和先生的两位公子一起蹲坐在先生的脚边，一路颠簸护送先生到了济南粟山殡仪馆。那是我平生第二次乘坐大卡车，应该也是最后一次乘坐这种车了吧。

送走先生后，我病倒了，发了几天烧，休息了一个星期，然后开始为先生编辑《雕龙后集》，并把已经编好的《文心雕龙学刊》第六辑送到齐鲁书社。第六辑学刊里有我两篇文章，一篇是关于先生《刘勰年谱汇考》(简称《汇考》)的书评，《汇考》一书出版时，先生正在北京做化疗，我赴京探望，先生亲手给我做了一个黄瓜炒鸡蛋，那应该是我吃到的先生亲手做的唯一一个菜(我们读研的时候常在先生家吃饭，但印象中先生一般不下厨)。吃饭的时候，我告诉先生，《汇考》我看完了，准备写个书评，先生点头应允。另一篇是谈"论文叙笔"的文章，那是师母为我争取到的。记得研究生毕业后，先生让我帮助他编第六辑学刊，师母在旁边说：你光让人家干活，也不给人发篇文章！先生听了微微一笑，对着我说：那你写篇放上吧。我很快写了一篇《"论文叙笔"初探》面呈先生，先生拿过去翻了翻，说：你倒是快啊，等我看看吧。没过几天，先生把文章交给我，没说好也没说不好，只是说放上吧。我拿回去认真翻阅，上面依然有先生熟悉的修改笔迹，但不算多。没想到，那是先生为我看的最后一篇文章。从此之后，没有人再给我那样认真修改文章了。

五、龙门之道

从1984年10月份算起，到先生去世，我跟随先生正好五年时间。耳濡目染，耳提面命，潜移默化，有形无形，先生对我的影响，从人生态度到读书为学，可以说无处不在。比如，我从未想过要跟先生练习书法，也并没有下意识地模仿先生的字，但先生说：你的字写得很像我。以至于先生主编的《中国古代文论家评传》出版时，先生正好躺在病床上，他说：你帮我题字送人吧，看不大出来。不只是先生这么认为，我后来的同事、精于书道的傅合远老师也经常说：你的字像极了牟先生的字。其实，他们说的都是我的硬笔字，我不懂书法，所谓像，当然只是字的外形；先生书法的风神骨力，我自然是并不具备的。但仅此一点便可说明，先生的言传身教，无形之中已成为我人生的楷模。

读研之前，先生对我最大的影响，不是《文心雕龙》研究，而是古代文学艺术理论的综合探索，因为我最先读到的先生的书是《文学艺术民族特色试探》，先生明确的综合研究意识给我留下了深刻印象。正是在那本书的影响下，当我读了莱辛的《拉奥孔》和钱锺书的《旧文四篇》之后，我试着写了一篇《"诗画一律"初探》的长文，请我当时的辅导员凌南申先生批改。凌老师是牟先生的同乡和同学，那时我还见不到牟先生。那篇文章写了三万多字，里面抄了不少牟先生那本书里的资料。凌老师看完后对我说：你读了不少书啊。我只好承认，那是抄的。但凌老师还是说：你把文章第二部分整理出来给我。后来，凌老师把我整理出来的那篇文章推荐到我们学校的《稚虬》(《山东大学报》文艺增刊)上发表了，凌老师给定的题目是《试论诗画艺术的意境》，那时候我还是大三的学生，那也是我平生发表的第一篇文章。

跟随先生读研之后，潜移默化之下，先生的很多为学理念融入了我的学术生命之中。举其荦荦大者，当有以下数端。首先，要建一座属于自己的图书馆。记得我们三个研究生第一次上课时，先生说：你们就算《文心雕龙》的专家了。还没听下一句，我们就都笑了。先生显然看出我们的不以为然或愧不敢当，便说：全国专门研究《文心雕龙》的研究生没有几个，怎么不算专家？然后先生说，以后碰见《文心雕龙》方面的书，不管水平如何，只要自己没有，都要买下来。三十多年来，我认真执行了先生这一不成文的规定，因而积累了比较齐全的"龙学"著作。当然，不仅仅是"龙学"，先生还有个很有名的主张：一个人文领域的学者，一辈子要建一座适合自己的图书馆。对此，我也全力贯彻到了自己的实践中。尤其是信息数字时代到来后，不仅是纸质书，我还特别喜欢收集电子资料。这样做的结果，那就是一般情况下，不必再去各种图书馆了，真正体会到了刘勰所谓“任力耕耨，纵意渔猎，操刀能割，必裂膏腴”之随心所欲的快意。

其次，要用第一手资料。这显然是和上面一点密切相关的。为什么要建一座图书馆？因为书到用时方恨少。更重要的是，先生说，真正的研究，坚决不能依靠二手资料，必须找到原文，找到出处。先生还说，你可以通过别人的引文顺藤摸瓜，但坚决不可直接拿来用，尤其要看看别人没有使用的上下文，很可能你会有新的发现。我当了老师后，也经常跟学生这么说，其中的道理很容易理解，但要真正这么做才会让人受益无穷。比如，《文心雕龙·乐府》有“好乐无荒，晋风所以称远”二句，这个“远”字，我后来校勘时，根据唐写本，把它改成了“美”字。但唐写本的价值大家都是知道的，何以诸家《文心雕龙》校本皆作“远”，而不从唐写本作“美”呢？盖以各家均据《左传·襄公二十九年》所载吴公子季札观周乐时的一段话：“思深哉！其有陶唐氏之遗民乎？不然，何忧之远也？”（陶唐氏，即唐尧，其后裔建立唐国，周成王时改为晋国，所以刘勰称“唐风”为“晋风”。）既然这里有“何忧之远”，则所谓“晋风所以称远”，似乎是确凿无疑的。但我想，“远”与“美”二字不同，唐写本何以抄成“美”字？只要我们继续往下看《左传》，问题便可解决，可惜一般注本不再往下征引了。其实，“何忧之远也”一句的后面，紧接着还有两句话：“非令德之后，谁能若是？”这才是吴公子季札这段话的中心所在。“令德”者，美德也。所以，还是唐写本的“晋风所以称美”更符合刘勰之本义。“称美”者，称赞其美德之意也，较之“忧远”之“远”，不是更为合适而贴切吗？

第三，要敢于向老师挑战，尤其是先生“友、敌、师”的读书三字法，其中的“敌”给我以深刻影响。先生说，他每当翻开书本，便如临大敌，因此不少介绍读书方法的文章把他的这个读书方法叫作“如临大敌”法。当然，所谓“如临大敌”，并非真的把书本当成敌人，而是以此警示自己“尽信书，则不如无书”，尤其是必须提出自己的观点，在前人论述的基础上有所创造。我在当老师的过程中，经常听到研究生说，看人家的文章，觉得说的都对，自己提不出想法。每当这时，我就给学生们介绍牟先生的读书三字法，尤其是这个“敌”字。它的精义在于，不盲从，不迷信，从不同方面提出自己的问题或疑问，先生说，无论什么样的文章，很难经得起这样的“攻击”；当然，不是真的要“攻击”别人，而是在这样一个严格审视的过程中，锻炼了自己的思维，多方面深入地考察了研究对象，从而真正看清了人家的优点和长处所在，就算没有什么新的发现，也切实地提高了自己。

第四，就《文心雕龙》的研究而言，先生使我受益无穷的理念和方法是“读懂原文，搞清本义”这八个字。我经常想起先生的一个说法：“龙学”的起点是读《文心雕龙》，“龙学”的终点是读懂《文心雕龙》。曾经有好多年，我一直有些疑惑：先生所说的这个“龙学”的终点，会到来吗？什么时候到来呢？后来，我宁愿把先生所说的“终点”的问题，理解成对“读懂原文”的大力强调，实际上，现代“龙学”一百多年，著述丰富，但我们离刘勰的原文和原意有时反而越来越远了。应该说，这也并不奇怪，一个时代有一个时代的“龙学”，谁能说自己离刘勰最近或更近呢？但这恰恰彰显出，“读懂原文，搞清本义”乃是“龙学”的第一要务，应是我们的基本追求，只有以此为基础，才能进一步作出自己的阐释。多年来，我一直按照这样的要求去做，尽管有时会切实感觉到，每个人的“读懂原文”其实是非常不一样的，但是不是贯彻这样的要求，结果是完全不同的。

第五，就写文章而言，先生给我最大的影响是文章要老练。记得先生开设的“六朝文学”课结束时，我交了一篇写王粲《登楼赋》的小文章，先生说，我看你文笔比较老练了。那是我第一次听到先生说“老练”两个字。后来不止一次地听到先生这么要求，但我不记得先生有什么具体的解释，于是只能从先生的文章中来体会。我们三个研究生共同的感受就是，先生的文章少用关联词语，没有很长的句子，更不会有废话，字字句句，铿锵有力，掷地有声，真正达到了“意少一字则义阙，句长一言则辞妨”的“精要”之境。后来，看到台湾王更生先生为牟先生《雕龙后集》写的序里，有这样一段话：“书中第七十七页把我写的《文心雕龙研究》列为台湾七种论著之首；并率直地说：‘此人（王更生）是台湾龙学界的重要人物。’当时觉得世金先生措语虽不修饰，自有一股撼人心弦的力量；从他那行文如流水的字里行间，透出高妙的学养和皎洁的人格。”我觉得，王先生所说，正是牟先生所谓“老练”的含义和境界了。以此而论，即使到今天，我也仍然觉得自己的文章离这样“老练”的境界还差得很远，但虽不能至，心向往之，老师的要求，却是从不敢忘的。

六、龙门启程

今年的3月18日，正是农历二月初二，龙抬头的日子，我们选择在这一天纪念牟先生诞辰九十周年，同时进行国家社科基金“龙学”重大项目的开题报告。牟先生生于1928年7月19日，我们没有等到7月份开这个会，因为开题报告不能太晚了。为什么一定要和开题报告一起呢?

去年，国家社科基金专门为“龙学”设立了一个重大招标项目——《文心雕龙》汇释及百年“龙学”学案。这是空前的，我想在可以预见的未来几年，可能也不会再有专门为“龙学”设立的重大项目了。这个项目之所以花落山东大学，主要归功于牟先生所奠定的山大“龙学”的基石。前人栽树，后人乘凉。没有牟先生三十年前为山大栽下的“龙学”之树，就不可能有今天供我们乘凉的硕大树荫。所以，我觉得，这个项目的开题报告是纪念先生诞辰九十周年的最佳方式。

我们在大会主席台的背景上特别设计了两条龙。一条当然是刘勰在1500多年前为我们雕刻的，是我们要研究的《文心雕龙》；另一条则象征着牟先生，这不仅因为先生毕生研究《文心雕龙》，是中国《文心雕龙》学会的创始人，而且还因为先生属龙，先生出生的1928年是戊辰龙年。同时，三十年前的1988年也是戊辰龙年，牟先生在那一年的3月完成了他最后一部也是最重要的一部“龙学”著作——《文心雕龙研究》，难怪先生说自己的一生与龙有缘。所以，我们选择龙抬头的日子纪念先生诞辰九十周年，并进行“龙学”重大项目的开题报告，以此寄托我们对先生的深切怀念。

我相信，先生在天有灵，仍旧是嘉许的目光，依然是慈祥的凝视。

2018年3月
写于鸢都白浪河畔
修改于泉城济南

（作者单位：山东大学儒学高等研究院）

崔富章先生学术生涯述略

贾海生

崔富章先生现为浙江大学教授、博士生导师、浙江省特级专家，社会兼职有中国屈原学会名誉会长等。先生1941年4月出生于山东省长山县陈桥村，此地今属淄博市周村区，古称於（wū）陵。战国时期，“上不臣于王，下不治其家，中不索交诸侯”的齐国贵族陈仲子居于於陵，世染其风，崇尚自然，归本返真，道德至上。先生曾先后就读于陈桥小学、长山县第三小学分校（廿里铺）、光被中学（今淄博第六中学），1960年中学毕业后考入山东省曲阜师范学院（今曲阜师范大学）中文系。在校期间，先生受吴林伯、陈之任二位先生的影响，对楚辞学产生了浓厚的兴趣，本科毕业论文即以《论〈离骚〉的爱国精神》为题，初涉楚辞研究，就得到了吴、陈等师生的好评。

1964年春季，崔先生考取国学大师姜亮夫先生的研究生，同年秋季负笈来杭，进入杭州大学（1998年9月并入浙江大学）语言文学研究室研习先秦文献。姜亮夫先生曾在清华国学院、章太炎国学讲习班亲受王国维、章太炎等国学大师的教诲，后又游学英、法，学识渊博，著作等身，于小学、古史、楚辞、敦煌诸门学科皆有精深研究与造诣。崔先生曾回忆初见姜亮夫先生之情景曰：

> 第一次拜谒先生，是在一个炎热的下午。师母领我走进他的卧室兼工作室，从桌子到椅子到地板都叠放着书。先生戴深度近视眼镜，坐床沿上，缓缓地述说专业要求，并询及我的体魄、性情、爱好、学业，大

致围绕语言和历史两个方面。“你从曲阜来，圣庙的礼器一定很可观。”先生说。我茫然，不能对(盖因当时孔府、孔庙皆不对外开放)。“你的语言学——”先生问，“可知语音有古今之变？”我回答：路过上海，进餐馆吃饭，付账时服务员告知“八角”(kɔk)，我知道是八角(jiɑo)，“kɔk”(塞音[k]收尾的入声字)是古音，遗存在上海方言里。先生释然。“我看了你写的论文，你是个爱读书的人。新生中你年龄最小，身体最好，要好好用功啊！”听着这饱含期待的话语，望着他一脸的和蔼可亲，我的紧张拘束消失了。说着，他从枕边拿起两张大卡片(足有三十二开大小)，“你回去以后，把今天谈话的要点写在上面，交给我。”走在回宿舍的路上，我暗自庆幸，亏得没走神，否则，我这个及门弟子的第一张考卷就不及格！

姜亮夫先生曾为崔先生讲授“文字声韵训诂章句大义”等课程，导读《广韵》《说文》《国策》，精讲《离骚》《天问》，使崔先生眼界大开。在随姜先生问学的过程中，崔先生的读书范围日益扩大，精研原典日益求深，掌握了独立从事学术研究的能力。“文革”初期，被迫停课，崔先生下乡接受再教育，先后做过农民、办事员、小学教员、中学教员。1970年秋，先生由杭州市江干区朝阳中学调至余杭县博陆人民公社任教，并参与创办了博陆中学。这一段经历，尤令先生难以忘怀。博陆镇乡风古朴，学生衣着土布，个个机灵，书包的形制几乎与南朝时期沈约所谓“卷帙”无异。先生创办的学校设于博陆镇西大运河岸边慧日寺内，慧日寺始建于隋开皇十一年(591)，隋高僧智騫(一作智骞，一作道骞)上人晚年曾在这里职司“唱导”(或称“导述”)，宣扬佛法，造《众经音》暨《苍雅》《字苑》《尔雅音决》《急就章音义》等多种著作。流传至今的敦煌写本《楚辞音》残卷，亦为高僧手笔。当时，日间萦绕于先生耳际的是博陆乡人保留着诸多古音的浓浓吴语方言，晚上先生又栖居于智騫上人唱导佛法的慧日寺内，先生曾感慨道：“每当夜深人静，万籁俱寂，神接千载之上，这是一种怎样的缘分呢？”

1973年1月，崔先生调入浙江图书馆古籍部。浙图古籍部位于西湖的孤山，风景秀丽，环境宜人，是潜心做学问的好地方。先生初入古籍部，面临着大量有待整理的古籍，而编目则是首要工作。众所周知，古籍编目本是一件非常烦琐的工作，日复一日，需要特别的耐心与细心，而正是在这个简单重复的编目过程中，先生很快就进入了版本目录学的研究领域。其时，夏定域先生亦在浙图工作，陈训慈先生则供职于毗邻古籍部之浙江省博物馆，姜先生之杭大寓所（今浙大西溪校区附近）距离孤山亦不远。先生转益多师，时常向诸位老先生请益讨教，于自身学问增长不无裨益。

1977年，国家文物局筹备编纂《中国古籍善本书目》，先于上海、浙江、南京等三馆进行试点工作。编纂试点工作之初，崔先生便参与其事。1978年，在南京召开编目动员会议，浙图古籍部等作为试点机构代表向全国同行介绍情况。1980年，《中国古籍善本书目》进入正式汇编阶段，崔先生赴京参与编纂。其时，名家荟萃，群贤云集，上海图书馆顾廷龙先生任主编，主持《中国古籍善本书目》的编纂工作，冀淑英、潘天祯二先生任副主编，李致忠先生为编委会办公室主任。南京图书馆的沈燮元先生、北京文物局的魏隐儒先生，皆是一时之选，共同参与了编纂工作。其中，崔先生负责的是集部"楚辞类"和"汉魏六朝别集"两个类目的编纂工作，首先要汇总、排比全国各藏书单位报送的卡片，有疑点则致函藏家，征调书影，接下来便是早出晚归，奔走于北京图书馆（文津街和柏林寺两处），北大、清华、北师大、中国科学院图书馆，故宫博物院图书馆，中国历史博物馆，北京市文物局，琉璃厂中国书店等藏书单位，核对原书，鉴别版本，务求真实。在此期间，先生目睹楚辞类善本至多，因为情有独钟，故为之详作书录，写满了厚厚的两本册子。

1981年6月，崔先生应山东大学王仲荦先生之邀，参加《章太炎全集》的编纂工作，协助姜亮夫先生完成了《春秋左氏疑义答问》的点校整理工作。1983年先生被评为副研究馆员，1984年担任浙江图书馆副馆长。在长期"考镜源流，辨章学术"的学术实践中，先生对传统版本目录学有了新的认识，形成了自己独特的学术思想与体系。

1986年10月，崔先生应姜亮夫先生之约，调入杭州大学（今浙江大学）古籍研究所任副所长，主持常务工作。1991年9月晋升教授，1998年获国务院政府特殊津贴，2005年8月当选浙江省首批特级专家。

崔富章先生长期从事中国古典文献学的研究，主要研究方向集中在两个方面：一是版本目录学，二是楚辞研究。晚年以后，又专心研治《孔子家语》。先生在不同领域取得的成果，都得到了海内外专家学者的认可。

一、版本目录研究

《四库全书》编纂于清代乾隆年间，是我国历史上规模最大的一部丛书，共收录古籍3503种，凡79337卷，共36000余册，保存了极为丰富的文献资料。在纂修《四库全书》过程中，以纪昀为首的四库馆臣及时总结实践经验，继承我国目录学优良传统，撰集《四库全书总目》二百卷，为我国目录学发展史上集大成的名著。崔先生在浙江图书馆工作期间，对《四库全书》所收诸书的版本进行了全方位的研究，既有个案的考辨，也有宏观的把控，撰作了《四库提要补正》，全书40多万字，1990年由杭州大学出版社出版。姜亮夫先生评价此书云："然富章所用之方法，与其他诸家不同，且为古籍整理之重要途径。此书着力四点：(一)追寻《四库》底本，明著版本；(二)详辨《提要》所据本与《四库》本之差异；(三)实录相关善本，以明《四库》本之优劣；(四)揭示文澜阁库书现状，查考清末至民国间补抄本之来源。"众所周知，古代文献典籍一般都有若干不同的版本，《四库全书》所收诸书，未必都采用了最佳版本，四库馆臣撰写《四库全书总目》所依据的版本，与《四库全书》所用底本并非完全一致。杭州文澜阁库书大部分毁于清末战乱，后人补抄，所据为何种版本？先生针对诸多疑难问题一一进行深入研究，所得结论皆有据可案，体现了其严谨细致的学风与广博深厚的学术功力。正因为《四库提要补正》汇集了先生的真知灼见，加之考辨有据、论证缜密，1992年12月，该书荣获国家教委首届高校出版社优秀学术成果著作奖。

《四库提要补正》自出版以来，不仅受到学术界的好评，而且影响力延续至今，已成为四库学不可或缺的重要著作之一。秋涛对此书的价值早有评论："此书共收提要四百二十多篇，通过对《四库全书总目》所录之书的版本源流、存佚、收藏等情况的深入研究和详细探讨，对四库提要有关版本方面存在的问题，谬则匡之，缺则补之，从而把四库提要的补订工作又大大向前推进了一步。"(《一部注重于补正四库提要版本讹缺的力作——评崔富章先生的〈四库提要补正〉》,《杭州大学学报》1990年第3期)。陈晓华以四库总目学史为研究对象，撰作博士学位论文，通过对诸家著作的比较，对《四库提要补正》取得的成就作了客观的评述："针对《总目》著录版本的不足，不少学者进行了补正。但是，在崔富章的《四库提要补正》成书前，对《总目》的补正，虽多有关注，如叶启勋的《四库全书目录版本考》(连载于《图书馆学季刊》《金陵学报》)名为目录版本考，但其实只是各书版本目录的介绍。余嘉锡的《辨证》于版本一项，实未多言，涉及版本者，多是作为手段来揭示内容的谬误。胡玉缙的《补正》虽有版本的考证，但并不系统，有时也只是阙疑，不敢定论。因此，在《总目》版本的补正上，崔书至关重要。"(《"四库总目学"史研究》，北京师范大学2004年博士学位论文)

《四库全书总目》价值重大，影响深远，传本甚多，主要有两个系列：浙江杭州刻本系列和武英殿刻本系列。近一百余年间，学术界一直流行"浙本翻刻殿本"的误说，对《四库全书总目》的整理和研究造成严重障碍，并世学人咸受其累。崔先生从1992年开始，发表了《〈四库全书总目〉版本考辨》(《文史》35辑)、《关于〈四库全书总目〉的定名及其最早的刻本》(《文史》2004年第2辑)、《文澜阁〈四库全书总目〉残卷之文献价值》(《文献》2005年第1期)、《〈四库全书总目〉殿本刊竣年月考实》(《浙江大学学报》2006年第1期)、《〈四库全书总目·韩魏公别录提要〉补正》(《文献》2007年第3期)、《〈四库全书总目〉传播史上的一段公案》(《文史知识》2007年第12期)、《天一阁与〈四库全书〉》(《浙江大学学报》2008年第1期)、《四库提要诸本分析》(《文献》2012年第3期)等一系列重要论文，对《四库全书总目》的版本进行研究，辩证讹谬，提出正见：浙本刊成于乾隆六十年(1795)十月，殿本竣工于乾隆六十年十一月；浙本的底本为文澜阁所藏四库馆写本《四库全书总目》二百卷首一卷，殿本的底本为纪昀最终修订稿本《四库全书总目》二百卷首四卷。两个版本主体一致，细节有别，四库馆最后两年(乾隆五十九至六十年)的修订成果(包括彻底洗清违禁图书的影响)最终反映在殿本中。上述见解，破除了长达百年的错误认识，具有极其重要的学术意义。2012年，中国社会科学院历史研究所举办第三届中国古文献与传统文化国际研讨会，安排崔先生与周少川教授共同主持第六场讨论会，先生以事务缠身未能成行。会后孟彦弘教授特寄来《会议论文集》一巨册，集中载台湾大学中文系夏长朴教授《〈四库全书总目〉“浙本出于殿本”说的再检讨》一文，称赞先生的研究结果云：“推翻了传统的‘浙本翻刻殿本’说法，整个考证过程举证历历，证据确凿，推论也相当合理。因而能一扫此前扑朔迷离的众说，拨云见日，得出具体可信的结论。”此文后来又公开发表在《台湾大学中文学报》第40期上，亦深得台湾及海外学者的赞许。

二、楚辞研究

1961年，姜亮夫先生《楚辞书目五种》出版。1986年，崔先生又完成《楚辞书目五种续编》(40万字)，内容基本是先生进入浙图古籍部工作，至参编《中国古籍善本书目》期间学术成果的积累。《楚辞书目五种续编》1993年由上海古籍出版社出版，同时重印姜先生原编。姜先生在序中说：“这样，我们奉献给诸君的就是一部比较完备的楚辞学工具书了。”1994年，《楚辞书目五种续编》荣获中国屈原学会一等奖。2005年，崔先生又完成了《楚辞书目五种三编》(稿本)。为了全面显示海内外研究楚辞的成果，避免遗珠之恨，先生曾三度赴日本访书，得友人石川三佐男教授、汤浅邦弘教授、井上了君等友人相助，入大阪大学怀德堂文库目验真宝，满载而归。期间还趁应邀赴台湾谈江大学讲学的机会，查访台湾藏楚辞类相关著述。2010年，在《楚辞书目五种三编》稿本的基础上，吸纳《楚辞书目五种续编》修订本部分著录，汇成《楚辞书录解题》，约110万字，著录图籍551种，近千个版本。原编、续编、解题三书，是迄今收录资料最为完备、著作体例最为完善的楚辞目录学著作，凝聚了姜先生、崔先生研究楚辞文献的智慧与心血。此一伟业，姜先生开创，崔先生接力，亦是学术界的佳话之一。黄灵庚在《〈楚辞〉文献学百年巡视》(《文献》1998年第1期)中曾对姜先生开创、崔先生接力的传业有过一段评论：“崔富章继姜亮夫之后，作《楚辞书目五种续编》，非唯增补姜氏所缺，出〔更〕有纠误辨证之处，为当世《楚辞》版本目录学之殿。”

1996年到2002年间，崔先生主持国家社科基金重点规划项目“楚辞学研究丛书”。该丛书分为四个部分：《楚辞集校集释》汇集历代楚辞文本的校注成果，为读者提供完善的文本整理资料；《楚辞评论集览》收集从古至今关于楚辞作家、作品的评论性文献材料，纵向展示楚辞研究的发展脉络；《楚辞著作提要》揭示历代楚辞学著作的内容、地位和贡献，反映两千年来楚辞学的总体面貌及成就得失；《楚辞学通典》分门别类对楚辞作家、作品及其影响进行介绍，旨在普及。这四部著作，相互补充，互为依托，是国内乃至世界楚辞学研究承前启后的集大成之作。复旦大学杰出教授、鉴定验收组专家章培恒先生认为："本项目汇集楚辞历代校注成果，自汉初刘安至本世纪1996年，时间跨度之长，为迄今所未有。收罗宏富，选择精当，版本之善，考辨之确，皆堪称一时无二。又采择历代关于楚辞论评中之具有代表性的见解，汇于一编，并对评论者的情况加以简单介绍，其采择范围之广，选择之客观及审慎，也可称一时无二。本项目的另两项成果为《楚辞著作提要》及《楚辞学通典》，前者对一百八十余种楚辞研究著作以提要的形式加以介绍和评论、辨证，对历代楚辞著作的大致面貌及其得失作了初步的总结；后者是对楚辞本身及楚辞研究中的各种具体问题一一加以介绍。此类介绍既是长期研究的成果，又极便于查阅，对研究者和一般读者都很有用。综上所述，本项目的四个成果堪称楚辞研究中承先启后的集大成之作，具有较高的学术质量，我认为应予通过并列入优等。"丛书出版时，更名为《楚辞学文库》，共计八百余万字，荣获浙江省政府一等奖。

日本秋田大学石川三佐男教授评价说："包括《楚辞集校集释》（上、下）、《楚辞评论集览》《楚辞著作提要》《楚辞学通典》共四卷五册（合计八百万字）在内的《楚辞学文库》，具备前所未有的体系性、可靠性与便利性。本文库的问世，为今后海内外的楚辞研究者所提供的学问及文化上的帮助将难以估量。可以预见，今后的楚辞学研究将是以《楚辞学文库》为基本平台，而本文库也将成为楚辞研究者所必读之书籍之一。"（石川三佐男撰、郑爱华译《日本学者所见之〈楚辞学文库〉》，《中州学刊》2005年第6期）

崔先生对楚辞研究的兴趣并未随着《楚辞学文库》的出版而稍有衰减，若有心得，亦常付诸笔端，还先后发表了《大阪大学藏楚辞类稿本稀见本经眼录》（《文献》2004年第2期）、《〈中央图书馆善本书目·楚辞类〉补正》（《文献》2008年第3期）、《〈楚辞补注〉汲古阁刻本及其衍生诸本》（《文史》

2010年第1辑)、《十世纪以前的楚辞传播》(《浙江大学学报》2012年第6期)等论文。其中,《十世纪以前的楚辞传播》是2010年春天崔先生应稻畑耕一郎教授邀请,赴早稻田大学演讲的内容,受到日本楚辞学界的高度赞赏。

在完成了楚辞目录学原编、续编、解题三书之后,2016年,崔先生又携弟子数人以“境外楚辞研究论著总目提要”为题申报了国家社科基金项目,幸获批准。经过数年的收集材料、翻译原著、撰作提要的艰苦努力,完成了50多万字的初稿,经同行专家评审,鉴定结果为优秀,顺利结项,现正在进一步修改润饰,争取早日出版。其后,崔先生根据自己多年研究楚辞的心得,在《屈骚精神,亘古常新》一文中对楚辞研究提出了新的建议:“把两千年间不绝如缕的屈骚精神、屈骚传统诠释明白,条理出经验和教训,为新时期的文化建设提供参照和借鉴,应该是21世纪中国楚辞研究界不可推卸的重要职责!”

三、《孔子家语》研究

《孔子家语》是一部记载孔子及其弟子言行事迹的先秦文献,由孔子十二世孙孔安国编集成书,三国曹魏时期大学者王肃作注,传承有序,影响深远。正史《艺文志》把《孔子家语》和《论语》并列著录,属经部要典,是仅次于《论语》的传统儒家重要典籍。然而自南宋末年以来,《孔子家语》被诬为伪书,论者多以为系王肃伪造,制约了其文献价值的开发与利用,对儒家思想研究造成了严重伤害。2011年春天,浙江大学古籍所启动了编纂大型礼学文献《中华礼藏》的项目,崔先生负责点校整理《孔子家语》。先生反复研读《孔子家语》,总觉得该书中活脱脱的孔子形象呼之欲出,令先生兴奋不已。在很短的时间内,先生对《孔子家语》一书就形成了自己的看法,发表了《颜师古“非今所有家语”考辨》(《文献》2013年第5期)、《〈孔子世家〉补正》(《孔子研究》2013年第5期)、《〈家语证伪·王肃后序〉辨误》(《孔子研究》2014年第2期)三篇重要论文,为清除伪书妄说,推动《孔子家语》深度开发,寻绎孔子思想精髓,探索传统文化基本价值观及其实践路线,辨析《孔子家语》版本等问题树立了路标。崔先生对《孔子家语》一书的独特视角，引起了广泛的关注，激发了崔先生彻底清理《孔子家语》一书的信心。正本清源，本是崔先生一生的学术追求，为了还原《孔子家语》的本来面目，目前崔先生正带领弟子校注《孔子家语》，从不同的角度进行全面、深入的研究。

崔先生自踏上学术研究的道路以来，学术界始终期待着先生不断推出新的成果，解惑释疑，先生也不负众望，除已完成国家社科基金、教育部等多项规划项目外，目前还承担着国家社科基金"《孔子家语》研究"等项目。崔先生还将自己在版本目录学、楚辞学等领域发表在海内外的论文编为一册，题为《版本目录论丛》，已由中华书局出版，以报答学术界的厚爱。朱新林以《博而不杂，约而不漏——读崔富章〈版本目录论丛〉》(《光明日报》2016年6月6日）为题，对崔先生在版本目录学上的成就作过评价："该书以版本学、目录学为理论基点，应用于《四库全书总目》《楚辞》《乐律全书》《訄书》等个案研究之中，正本清源，考镜源流，追根溯源，廓清了上述个案之中的很多重大学术问题，使得《四库全书总目》《楚辞》等研究回归正途，推向纵深。"

崔先生在奋力开拓不同研究领域并取得重要成果的同时，视普及优秀传统文化为己任，曾出版《嵇康集译注》(台北三民书局1997年版），主编《中国文化经典直解丛书》(浙江文艺出版社1996—1999年版）。由此也可以窥见先生的社会责任感与人文情怀。

崔先生钟情学术研究，在不同领域取得的成果都达到了别人难以企及的高度，同时又视教书育人为神圣的天职。多年以来，一直为研究生开设版本目录学、楚辞研究等课程，招收培养了数十名博硕研究生，接收了多名博士后，其中许多已成为教学与科研的中坚力量，有的还走上了重要的领导岗位。

（作者单位：浙江大学古籍所）